体育院校通用教材

中国武术教程简编本

全国体育院校教材委员会审定

人民体育出版社

图书在版编目(CIP)数据

中国武术教程简编本 / 全国体育院校教材委员会审定.
-北京：人民体育出版社，2005（2020.9.重印）
体育院校通用教材
ISBN 978-7-5009-2823-2

Ⅰ.中… Ⅱ.全… Ⅲ.武术-中国-高等学校-教材
Ⅳ.G852

中国版本图书馆 CIP 数据核字(2005)第 062289 号

*

人民体育出版社出版发行
三河紫恒印装有限公司印刷
新 华 书 店 经 销

*

787×960 16 开本 17 印张 280 千字
2005 年 12 月第 1 版 2020 年 9 月第 11 次印刷
印数：39,601— 42,600 册

*

ISBN 978-7-5009-2823-2
定价：39.00 元

社址：北京市东城区体育馆路 8 号（天坛公园东门）
电话：67151482（发行部） 邮编：100061
传真：67151483 邮购：67118491
网址：www.sportspublish.cn
（购买本社图书，如遇有缺损页可与邮购部联系）

编 委 会

前　言

2004年1月，人民体育出版社出版了《中国武术教程》(上、下册)，较原先的《武术》通用教材有了较大的变化，内容丰富了，但篇幅增加了不少，不少读者希望能有一个适应普及的简化本。人民体育出版社根据读者的需求，组织我们编撰了这本普及性的《中国武术教程简编本》教材。

本教材以《中国武术教程》为蓝本，参照全国体育院校《武术》普修教材进行了选编，理论部分比普修教材更为充实、丰富和具有时代性；技术部分选取了散打的基本技术，套路技术部分选取了长拳、南拳、太极拳、剑术、棍术、刀术、枪术中的基本动作及方法和基础练习。鉴于目前正在着手对套路教学内容和模式进行改革，故未将套路编入，给教学者留一个较大的空间，便于创编和探索。

第八章攻防实用动作是在普修教材的基础上重新编写的。散打中的基本技术虽已具有很强的实用性，但两者毕竟有所不同。

在教材简编取舍过程中，得到了刘同为教授和姜传银副教授的协助，还有上海体育学院博士生郭守靖、王国志、马文国等同学的热情相助，他们做了大量的具体的工作，借此致谢。

编委会

2005年4月

目 录

第一章

武术运动概述

中国武术在华夏土地上延绵了数千年，历史悠久并植根于民间。它来源于人们的生产实践、军事战争和社会活动，在中国文化的长期熏陶哺育下，具有鲜明的民族文化特色，世代相传，历久而不衰，逐渐成为民族传统体育项目。

中国武术具有多彩的形式、丰富的内容、深邃的文化意蕴，具有健身、防身、修性、竞技、娱乐等多方面社会功能，无愧为中华民族创造的文化精粹，不仅为广大群众喜闻乐见，而且得到世界上越来越多的人们的青睐。

第一节　武术的概念

一、武术的沿革与辨析

武术源于古代狩猎和战争，是搏斗技术与经验的总结。人类早期在与大自然的生存斗争中自觉或不自觉地掌握了一些防卫和攻击技能，为武术的形成奠定了基础。《兵迹》中说："民物相攫而有武矣。""孟冬之月，天子乃命将帅讲武，习射御角力"（《礼记》）。当时把射御、角力、手搏、击刺等，泛称为"武"。在不同的历史时期，它所涵盖的内容不尽相同。类似今天武术的内容有角觝、相扑、角力、手搏、击剑、刺枪、打拳、使棒等。

使用"武术"这一概念是近代的事，古代记载中如商代有"拳勇"、春秋有"技击"、汉代有"武艺"等提法。汉以后，较广泛采用"武艺"一词。"武艺"在《辞源》中解释说："指骑、射、击、刺等军事技术。"

"武术"这一词汇最早出现在南朝梁武帝长子萧统所编《文选》中，但不具有今天武术概念所具有的含义，文中有诗句为"偃闭武术，阐扬文令"（南朝宋·朱颜年《皇太子释奠会》），其意指停止武战，发扬文治，并非反映今之武术的概念。后人将"武术"一词作为自卫强身之术的专门用语，清末民初时得以广泛应用。《辞海》解释“武”字有多个义项，其中前两个义项是：①“泛称干戈军旅之事”；②“勇猛”。《说文解字》中称“术”字为“邑中道也”，后引申为“技艺”，即方法、技术，如同道路是通达目的的手段。

处于半封建半殖民地的近代中国，面对西方文化的冲击，一度出现了提倡“国粹”的思潮，武术被誉为“国术”，与“国画”“国货”“国乐”“国药”等相匹配。新中国成立后，正式确立为体育运动项目，明确称为“武术”。

从“技击”到“武艺”，从“武艺”到“武术”，都离不开攻防格斗本质特征。从古代战争中总结出来的技击之术（击刺格斗方法），可以直接用于战争搏杀，连同骑马、驾车、射箭，以及后来的挽硬弓、举石鼎等膂力训练，都属于“武艺”——古代军事技术，并曾作为武举考试的内容之一。这些军事武艺不仅在军队中，而且有些内容也逐渐散入民间，步入宫廷，乃至学校，同时具有了竞技性、娱乐性、教育性等功能，其表现方法也有所变化。它所面对的不再是战阵，在方法上也就有所区别，一如“兵枪”与“游枪”，前者为战阵实用，后者为行家较技。当徒手搏击的拳术层出不穷、日益壮大时，武术与军事技术明显分野。有人将其区分为“阵战武艺”和“日常武艺”，两者既相一致，又相区别。阵战武艺由车战发展到步骑战，以群体为主，强调集体性、实用性，以杀伤为主旨，重视骑射、兵械直接运用；日常武艺以个体为主，向技艺多样性、复杂性演绎，以胜负为主旨，更注重拳械技巧和方法的多变。应当说武术技术是古代军事技术中的一部分，历史愈久远，武术与军事技术结合得愈紧密；随着历史的推进，武术与军事技术逐渐分野。今天的武术主要是活跃在民间的古代“日常武艺”的传承和延续，尤其是明代以来的拳家们的留传。

二、武术原本是一种传统技击术

武术在古代并不是作为体育形态出现的，远在春秋战国时便有以技击为生的游侠剑客，近代则有保镖护院的镖头教头、江湖卖艺的艺人，乃至以教拳谋生的拳师，以一种技击术来体现其社会价值。应当说技击之术不是一个国家、民族所独有的，人类的防卫意识和人体运动学原理决定了技击术在缘起之初是近乎相同的，只是在后来的发展中，不同的地理环境、不同的经济文化、不同的民族性格造就了五光十色的各种技击术，如拳击、角力、击剑、柔道、跆拳道、合气道、泰拳、自由搏击、剑道、相扑、桑勃等等，不一而足。长期以来中国人民以自己的思维方式、行为准则、价值观念、审美情趣，经历代宗师的砥砺揣摩、千锤百炼，形成了具有民族性格的技击术——中国武术。

中国武术在技击方法上表现得十分丰富多变，有踢、打、摔、拿、击、刺等。踢法中有勾、踩、弹、蹬、踹、铲、点、撩、挂、摆、缠、丁、拐、错等；打法有冲、劈、挑、砸、贯、抄、盖、鞭、崩、钻、扫、挂、撩、栽、扣等拳法，以及劈、砍、切、截、削、推、按、拍、摔、扇、塌、掖、穿、插、挑、抹等掌法，还有许多勾法、爪法、肘法、桥法（以上臂和前臂进行攻防），以身体进攻的挤、撞、抖、靠等法；摔法中主要有掤、巩、揾、别、切、滑、抱、合等；拿法有三十六拿和三十六解，以及各种器械方法。不同的击法又有不同的劲力要求与技巧变化，各拳种流派又有许多独到的方法与风格，从而形成了一个林林总总、丰富多彩、气象万千的庞大技术体系。在运动形式上，既有对抗形式的搏斗运动（散手，太极推手，长、短兵对抗等），又有势势相承的套路运动，两者既相交融又相区别；在技击理论上也颇为丰富，诸如“阴阳变化”“奇正相生”“刚发柔化”“后发先至”“得机得时”“胆气为先”和“守柔处雌”等战略战术思想，既富哲理又很实用。

在古代传统养生中，人们为了抵御大自然侵袭、防病健身所出现的导引术、气功，诸如五禽戏、八段锦、易筋经等都可以称为中国传统健身术或者体育养生方法，但不属于中国武术的范畴，其主要区别在于它们的肢体运动不是以攻防技击为主旨，而是以养生为其目的的。两者相互有所影响和渗透，诸如八段锦、易筋经中虽有类似武术动作的方法形态，太极拳等也结合了导引气功中的一些方法，但两者在概念上不应混为一谈。

三、武术的体育属性

这是当今武术的一个主概念。古代武术在为军事服务的同时，也具备了强身壮体的功能，明代战将戚继光认为“拳法似无预于大战之技，然活动手足，惯勤肢体，此为初学入艺之门也。”（《纪效新书·拳经捷要篇》）说明拳术可作为军事训练内容用以提高士兵的身体素质。

武术在民间的流传，主要用以自卫、健身、修性、娱乐，社会功能是多元的，真正向体育方面转化则是近代的事。在西方文化进入中国后，面对西方体育的冲击，出现了“土洋体育”之争，武术在中西文化碰撞后实现了交融，从师徒的口传身授方式向学校体育教育转化，并逐步进入体育比赛之中，新中国成立后，正式确立为体育运动项目之一，属民族传统体育类。

武术向体育归宿后，它的健身与竞技功能获得了空前的发挥。武术的技击性被寓于体育之中，就套路而言，是以演练的形式来提高人的身体素质和攻防技能，进行功力和技巧等方面的较量，同时从健身和审美的角度、动作的幅度和要求看，虽与实用的技击术略有一些距离，但仍不失原意，既保留了技击特性，又符合了体育竞技与健身的要求。散打运动在技术形态上与实用的技击术基本一致，摒弃了实用技击中致人伤残的技术，并用规则限制了一些违禁动作，严格规定了击打部位和护具等，对运动员加以保护，仍然体现了武术的体育特征。

与西方体育为中心的现代竞技体育相比，武术具有自己的特点。西方体育以人体解剖学观点加以分解，遵循人体运动原理，具有科学性；武术从整体运动观出发，强调“内外合一”“形神兼备”，讲究“内三合”“外三合”，注重心、神、意、气与动作的协调配合，更有助于人的身心健康。

竞技武术作为武术运动中的一部分，正在逐步与奥林匹克运动接轨，做到既符合现代体育竞技一般原则，又保留独特的运动形式和方法。

四、武术是优秀的传统文化之一

仅仅把中国武术视为一个体育项目、一种专门技能，还远远不能包容和理解中国武术。任何体育项目虽然都会具有文化意义，但却没有一个体育项目会像武术那样具有浓郁的民族文化特征，具有武术那么大的文化包容量和负载能力。

武术在民族文化的摇篮中，不断汲取传统哲学、伦理学、养生学、兵法学、中医学、美学等多种传统文化思想和观念，使之理论内涵丰富、寓意深刻，注重内外兼修、德艺兼备。诸如武术的整体运动观、阴阳变化观、形神观、气论、动静说、刚柔说、体用说、尚武崇德说等，都从不同侧面反射出民族文化光彩，成为中国传统文化巨系统中的一个子系统。

中国武术之所以能称为武术文化，不仅在于它的广博的内涵、多元的功用，还在于它的强大的生命力和独立性。尽管历史上曾遭外敌入侵以及多次“禁武”的厄运，却都没有因此而消亡；它与多种文化形态虽有着千丝万缕的联系，乃至相互渗透和影响，却没有被同化、被改变，显示出它具有的文化延续能力和独立完整的文化体系。

同时，从武术文化中，我们还能看到它所反映的中国文化的基本精神。比如强调“武以德立”“德为艺先”，反映出民族的以“仁”为核心注重人际关系和谐的伦理观念；行侠仗义、除暴安良反映了刚健有为、入世进取、匡扶正义、不畏强暴的爱国主义传统；追求个人技艺的纯熟、神韵和意境，正是成就内在人格完美的传统审美情趣；主张“轻力”“尚巧”、以巧智取、顺势借力的技击原则，反映中国人礼让为先、有理有节、刚强而不狂野、功力扎实求内在的竞争特点，以及崇尚自然、体现“天人合一”思想，重视血缘关系的宗法观念等等。

综上所言，我们可以概括地说，武术是以攻防技击为主要技术内容、以套路演练和搏斗对抗为运动形式、注重内外兼修的民族传统体育项目。

主要参考文献：

1.《中国武术百科全书》编撰委员会．中国武术百科全书．北京：中国大百科全书出版社，1998
2．全国体育院校教材委员会．体育院校专修通用教材　武术．北京：人民体育出版社，1991
3．徐才．武术学概论．北京：人民体育出版社，1996
4．邱丕相．对武术概念的辨析与再认识．上海体育学院学报，1997（2）

（作者：邱丕相）

第二节　武术的特点

通过对武术概念的讨论我们明确了武术的两个最主要的特点，即武术技术上的技击特点和文化色彩上的民族特点。

一、武术的技击特点

武术是由人的技击自卫术发展而成，技击特点是它技术上最主要的特点，武术在它流传的过程中始终保持了这个特点，围绕着这个特点发展，并全面体现了这个特点。武术不仅有对抗性练习，还有套路练习；不仅有单人练习，还有双人和多人练习，且拳种丰富，器械多样，汇集了中华大地上不同地域、不同民族使用不同器械进行攻防技击的技术，这是任何其他的体育项目所无法比拟的。武术正是具备了这样的特点，有此本质属性，才得以区别于其他的体育项目。

在以冷兵器为主要兵器的时代，武术的技术来源于技击实践，经过不断的加工、提高，然后再用于技击实践，是历史上武术发展的基本线索。随着火器逐步发展，武术的直接的技击价值逐步减小，虽然如此，但武术仍然保持了技击这个技术特点，在近代各拳种中不仅在技术上仍体现了各种技击方法的做法和力法，并且在各自的拳理中也反复强调技击的理论，无一例外。如太极拳这种轻灵舒缓的拳种，其动作和传世的拳谱也都充分体现了武术的这一基本特点，并且发展了独特的技击对抗性的推手运动。

武术的技击特点使武术形成了它自己的完整技术体系，即包括套路练习和对抗性练习以及相关的训练方法。这个特点还是决定武术动作规格的基本依据，武术的力法讲究刚柔相济同样是由其技击特点所决定的。清吴殳在《手臂录》中说“攻为阳，守为阴”，一般说来攻时奋力突进，力法主刚；守时随人而动，力法主柔，且攻中有守，守中有攻，攻时刚中有柔，守时柔中有刚，刚柔相济，不可偏废，是各拳种共同的要求。虽然以今天武术的技击价值已不能和冷兵器时代同日而语，随着竞技武术技术的发展，武术套路技击特点也有所淡化，但技击特点仍将作为武术技术的最基本特点而长期存在。

二、武术的民族文化特点

武术产生、发展于中国，在此过程中它受中国传统文化背景的影响，使它在各方面都带有浓厚的中国传统文化色彩，这表现为它的民族文化特点。

（一）中国传统文化背景决定了武术套路的产生

从广义上看武术是一种自卫的技击术，就技术而言武术套路是为了便于传授、记忆和训练而产生的。但世界上各个国家和民族都有各自的技击术，哪里的人们和中国人有相同的人体结构，使用相似的技击器械，哪里的技击术也和中国武术一样要遵循相同的人体运动规律和器械运动规律，所以每个技击动作也必然是相同或相似的，在世界各国和各民族武技发展的过程中也有传授、记忆和训练的问题。为什么在其他民族，特别是西方各民族没有产生像中国武术这样完整、丰富的套路，并流传至今呢？这显然与中国的传统文化背景有关。

武术套路是一种高度程式化的运动形式，而各种形式的中国传统文化，都无一例外，首先对“道”的追求是武术套路产生的思想基础。中国人追求道，而道有原则、方法、方式、路数之义。这种对道的追求在一定程度上表现为对程式性的追求，以武术技术的形式表现出来则出现了武术的套路。其次，崇礼是武术套路产生的伦理道德基础。中国人崇尚“礼”，礼指某一个时期的典章制度，也包括人们的行为规范、规矩、仪节，它影响到中国人的政治、伦理、道德、礼仪、民俗和人们的生活习惯，进而影响到人们的思维方式。这样就使得中国人上至国家大典，下至百姓生活细小的仪节都要有一定的规格和程序，使人们的一举一动高度程式化，这也就促使武术演练出现了套路的运动形式。最后，中国人重视承传，尊师敬祖，而程式化的套路又便于承传，这更使武术套路便于延续和发展了。

（二）刚健有为的民族文化精神

中国传统文化的基本精神有多方面，而刚健有为的精神是尤为重要的，它是中华民族的心理要素，表现出刚健有为的精神气息，包括自强不息和厚德载物两个方面。

这种精神在武术中得到了充分的体现。武术是一种人体运动，且是一种技击术，必然崇尚勇武，追求制胜。传为宋人调露子所撰的《角力记》中说："夫角力者，宣勇气，量巧智也。然以决胜负，骋赽捷，使观者远怯懦，成壮夫，已勇快也。"无论是对习者还是对观者都倾注了一种勇武顽强、一往无前的强者争胜的精神。即使是以动作轻柔缓慢为技术特点的太极拳也是如此。清武禹襄在《太极拳解》中说："气以直养而无害，劲以曲蓄而有余。"他所说的"直养而无害"的气，正是孟子所说的"至大至刚，以直养而无害"的"浩然之气"。陈鑫说："何谓气，即'天行健'的一个'行'字……即乾坤之正气，亦即孟子所谓'浩然之气'。"他在论述搂膝拗步时说："此势得乾坤正气以运周身，外柔而内刚，实与乾健坤顺相合。"可见习武者无论是外在的技术，还是内在的心态，都体现了一种积极的刚健有为的精神。精于武术的明代学者颜元大声疾呼："一身动则一身强，一家动则一家强，一国动则一国强，天下动则天下强。"此呼声至今使人感到发聋振聩。

刚健有为精神的另一方面为"厚德载物"。它要求人有如同大地一样宽阔的胸怀，能容纳各种不同的意见，吸收各种有用的东西。所以中国武术对其他国家和民族的武技也采取了兼收并蓄的态度，从而不断地丰富和发展。

（三）注重和谐

中国传统文化的最高价值原则是和谐，这一原则和认为宇宙是一个和谐的整体的世界观及重和谐的思维方式一起对中国传统文化产生了深远的影响，决定了中西文化的基本差异。重和谐的思想就是希望达到人己物我的和谐，注重人与自然、人与社会及人的自我身心内外的和谐统一。由于注重人与社会的和谐，所以习武者尚武而不随意用武，在解决人与人之间矛盾时讲究先礼后兵，遵循《论语》中“礼之用，和为贵”的思想。

注重个人身心动作的和谐，强调“内三合”和“外三合”。关于内外相合的理论在武术不同拳种中或直接论及或间接提到，可以认为它是中国各拳种的一个共同要求。武术所强调的“合”，其实质就是协调、和谐。所以武术的“合”并不仅是动作上下内外协调的技术要领和要求，更是武术的一种重要理论，是由中国传统文化重和谐的价值观所决定的。

注重和谐表现在中国处理和各国、各民族的关系时要“协和万邦”。这是中国文化的特点，是中国爱好和平的优良传统。在武术的技击思想上，既要“先下手为强”，更强调“后发制人”。在同好间进行比试时，常用“以武会友”为口号。在技术上反对“力斗”，更注重以“巧”制胜，凸显尚技不尚力的技术风格。

（四）注重形神兼备

一个武术动作或一系列武术动作，总是由人体的四肢、躯干的不同运动方式来完成的，这就构成了外在的“形”，并且还要通过这个外在的“形”来表现出内在的“神”。而中国人往往把主体内在的情感的表现放在中心的位置。无动作外在的形，就无从表现内在的神；若徒有动作外在的形，而缺乏或不能很好地表现内在的神，其动作也必然是一个肤浅的、缺乏内在力度的形。形神的问题不仅是一个技术问题，它还是中国传统哲学中的重要范畴，后来晋代画家顾恺之将其运用于画论，使之有了深刻的美学意义，指出形的描画是为了写神，不仅要追求外在形的美，更要追求内在神的美，此后在许多不同的中国传统文化领域里都以形神兼备作为要旨，武术也必然从中吸收了营养。所以说形神兼备不仅是画论，而且是拳理，是中国传统文化特点在武术中的反映。

（五）注重整体的思维方式

中国文化强调整体思维方式，即在对对立统一这个宇宙根本规律的把握上，更注重对立面的统一和协同，强调从统一的角度去观察事物，强调事物的整体性和过程性，这是中国传统哲学天道观的重要特点。把这种观点运用于方法论上就是整体思维，这种思维方式在武术中就表现为既注重每一个动作的规格和细节（正如孟子所说的“不以规矩，不能成方圆”），又更注重单个动作与单个动作之间的衔接，全套动作演练的功力和气势，动作的衔接要顺畅，全套的演练要气韵生动、气势连贯、一气呵成。王宗岳说太极拳“如长江大海，滔滔不绝也”，正体现了太极拳演练时整体上气势宏大的要求。所以从整体上，从演练的整个过程中去评价技艺的优劣是非常重要的。

（六）既重外练又重内练

所谓“外练”主要指由人体骨骼、关节、肌肉所组成的运动系统，以及由运动系统完成的各种动作。

论及“内练”常涉及“精、气、神”的问题，这和中国的养生术有关。《老子》中说：“是谓深根固柢，长生久视之道。”《吕氏春秋》中认为：“精气日新，邪气尽去，及其天年，此之谓真人。”道教的经典《太平经钞》中说：“精气神三者混一，则可延年长生。”为肉体成仙而求长生固是妄说，但其养生的理论却有科学的道理。在武术的动作要领中通常要调整呼吸，使呼吸和动作相互配合：长拳技法中要求“气宜沉”，并有“提沉聚托”四种呼吸方法；太极拳要求“宽胸实腹”“意注丹田”；南拳要求“沉气实腹”“发声呼喝”；形意拳要求“松胸实腹，呼吸自然”；八卦掌的“三病”之一就是“努气”，即“憋气”。各拳种都把运气调息和动作配合放到了一个很重要的位置，不仅是为了动作更加自如，而且是为了通过呼吸运动，进而使循环系统和其他内脏器系得到锻炼。在武术理论中把“精、气、神”加上力和功，与“手、眼、身、法、步”相对应起来，作为训练的要求，这是养生理论和武术理论及训练方法相结合、相互渗透的结果。

中国传统哲学强调人与自然的统一、和谐，西方哲学强调人与自然的对立、斗争；中国人重内、重合，西方人重外、重分。中国武术之所以重视和谐，重视形神兼备，重视内练和外练相结合，都是中国的哲理在拳理中的反映。

（七）多种拳种并存

无数内容丰富，多种拳种并存，且一个拳种又常有多个流派，体系庞杂，形成这种情况的原因是多方面的。

首先这是一个文化地理的问题。处于不同地理位置的人，受地理条件，包括气候条件的影响，他们的文化产生和发展也不尽相同。中国地域辽阔，东西南北之间地理条件差异很大，产生了不同地域的人之间性格、民俗和文化特征的不同，正所谓“百里不同风，千里不同俗”。况且中国地理环境复杂，古代交通不便，不同地域的人之间的交流较困难，形成了许多地理环境相对较封闭的地区，所以在中国不同的地区所产生的各具特色的拳种在当地相对独立地发展，虽然其技击的规律是相同的，但其风格、趣味有较大的区别，南方拳种与北方拳种有不同的风貌，而位居其中的湖北号称九省通衢，在古代为南北交通要冲，所以湖北流行的拳种往往兼有南北拳种的特点，这同样是文化地理的因素造成的。

又因为中国古代长期处于小农经济的封建社会之中，许多地区商品经济不发达，人们生活满足于自给自足，这种自然经济的形态阻碍了人们之间的交流，使人们的思想状况趋于保守，在不同地区流传的拳种，又由于经济的原因而使其相对独立的发展成为可能。

同时由于古代中国的长期宗法制度和家庭本位主义，敬祖亲子，重视血缘关系，使其具有家庭的凝聚力和排他性，不同行业行会的成员，许多人之间虽并无家庭血缘关系，但也由行会使之具有了家庭的组织特色和类似于血缘关系的色彩。这种情况在不同拳种的流传过程中同样存在，一方面使拳种的发展更加封闭，缺少外来的营养；另一方面也为不同拳种相对独立的传承提供了条件。

中国武术拳种繁多是中国传统文化发展的必然结果，而随着社会的进步，人们交流的增加，民风民俗也发生了变化，人们思想状况和生活方式的改变，各拳种之间的交融不仅不可避免，而且早已发生，这种交融还将以更快的速度进行下去。

主要参考文献：

1. 温力．中国武术套路产生的传统文化背景．体育科学，1992
2. 张岱年、程宜山．中国文化与文化论争．北京：中国人民大学出版社，1990
3. 陈鑫．陈氏太极拳图说．上海书店，1986
4. 李泽厚、刘纲纪．中国美学史．中国社会科学出版社，1987
5. 张立文．中国哲学范畴发展史（天道篇）．北京：中国人民大学出版社，1988
6. 王会昌．中国文化地理．武汉：华中师范大学出版社，1992
7. 温力．武术传统技术体系和训练体系的形成．武汉体育学院学报，1996（2）

（作者：温　力）

第三节　武术的价值

武术在中国流传了几千年，一直沿革到今天而没有被历史所淘汰，这个事实本身就说明武术是随着历史的进程不断地发展着，它没有由于火器的进步，使直接用身体进行格斗的技击技术在实战中的作用逐渐减小而停止自身的发展。相反，随着社会生产力的提高，为满足人们更高的物质和精神生活的需要仍在不停地发展变化着，在不同的历史时期对社会有着多方面的积极作用，表现出了旺盛的生命力。所以我们在探讨武术的社会价值时，应特别注意要用发展的、变化的观点来审视。

一、武术的健身价值

练习武术是通过人的身体运动实现的，练习者只要进行适度的身体运动就能够增进健康，即使是在以武术作为技击手段的古代，人们也没有忽略它的健身价值。所谓“搏刺强士体”，一方面说明通过“搏刺”这种形式使人体运动可以“强士体”，另一方面也说明了为更好地“搏刺”也需要很好地“强士体”，所以说“搏刺”和“强士体”是相互依存的。戚继光在《纪效新书·比较武艺赏罚篇》中说：“凡兵平时所用器械，轻重分量当重于交锋所用之器。重则既熟，则临阵用轻者，自然手捷，不为器所败矣，是谓练手之力。凡平时，各兵须学趋跑，一气跑得一里，不气喘才好。如古人足囊以沙，渐渐加之，临敌去沙，自然轻便，是练足之力。凡平时习战，人必重甲，荷以重物。勉强加之，庶临战身轻，进退自速，是谓练身之力。”戚继光练兵是为了“临阵”“临敌”“临战”而练“手之力”“足之力”“身之力”，但通过训练可以健身，健身可利于实战则是显而易见的。王宗岳在《十三势歌》中说：“详推用意终何在？益寿延年不老春。”说明到清代武术的社会功能已在明显转变，习拳的终极目的已在于“益寿延年”，武术的健身价值更是日益突显出来了。

中国人历来重视运动，重视生命，注重养生之道，所以在武术发展的过程中必然和中国养生导引之术相互影响、相互渗透，增强了武术的健身价值。如轻柔缓慢的太极拳，以其独特的运动方式受到海内外人群的青睐，它松静自然、气沉丹田，中等强度的运动，不仅对心血管、呼吸系统有良好的影响，而且有利于调节神经系统、陶冶性情、缓解压力等，在当代社会有更重要的意义。

由于武术的内容丰富，不仅有套路练习形式，还有对抗练习形式；套路练习中不仅有拳术，还有多种器械；不仅有单人练习，还有对练，并且还有多种拳种和流派。这些不同的练习形式和内容各有其运动特点，所以对人体健康有多方面的影响，并相互补充，可以全面地促进人的身体素质的发展。武术锻炼对人的力量、耐力、速度、灵敏、柔韧等各种身体素质的发展都有良好影响，不同的人可以根据个人不同的爱好和条件，选择适合自己的武术内容进行锻炼，以达到更好地增强体质的目的。

二、武术的技击价值

武术本是一种武技，是一种技击术，进行武术练习一方面可以全面地提高人的身体素质，随着体能的增强也必然提高人进行技击对抗的能力；另一方面练习者通过武术锻炼也可以学会一些攻防技击技术，直接提高练习者进行技击对抗的水平。

在以冷兵器为主要兵器的时代，武术的技击价值是非常突出的，上至通过军队活动而体现的关系到社稷安危的国家大事，下至黎民百姓为小团体或个人利益而进行的格斗，都离不开武术，因此，武术是国家乃至个人自卫的重要手段。

《孙子兵法》中说："兵者，国之大事，死生之地，存亡之道，不可不察也。"《管子》中说："国富者兵强，兵强者战胜。"何良臣在《阵纪》中也说军队必须使装备精良，以提高战斗力，因为这是"三军生死相关、国家存亡所系"。历代统治者无不极力加强军队建设，提高装备水平和提高士兵作战的技能。民间的团体或个人间的格斗尽管常常是为了团体或个人的私利，没有明确的政治目的，但格斗的技术仍然受到普遍的重视，所以武术的技击价值在古代就显得尤为重要。

到了现代，武术的技击价值虽然已不如古代那样突出，但在战争中仍不可避免会有近距离搏斗的可能，在公安部门执行公务时格斗技术仍有极其重要的作用，即使在人们的日常生活中也会有在善恶斗争时运用格斗技术的情况，善良的人们在掌握了一些武技后，往往会有一些特殊的安全感。所以，武术仍然有它不可忽视的技击价值。

由于武术本身就具有攻防技击特点，所以通过武术训练可以使练习者了解、熟悉、掌握一些攻防技击技术。虽然有些动作是经过加工、改造的，已不完全等同于原来在生死搏斗中所运用的攻防实战技术，但这些技术中仍包含着原来实战技术的主要环节，所以在掌握了这些技术以后，再经过必要的训练，就可以使之还原成原来的生死搏斗中的实战技术。同时在其训练的过程中，练习者也随之提高了必要的专项身体素质，这也更有利于练习者掌握和运用这些技术，进一步提高其自卫的能力。

前辈武术家们在传授武术技艺时，大多是先教基本功，继而再教某些武术套路。待套路技术熟练之后，就将各个技击技术从套路中拆散开来讲解，称之为“拆手”，即把整套的动作拆散之意。然后再让二人按固定的动作进行反复练习，使之逐步熟练，称之为“喂手”，又称“递手”。在此基础上再过渡到二人自由地运用各种技击方法进行对抗性练习。通过这样的训练过程逐步将武术的动作实用化，然后运用到自卫的实战中去。这种训练过程是前人在实践中总结出来的一套完整的传统训练体系。

三、武术的观赏价值

武术可供观赏以丰富人们的文化生活。体育是一种人的身体活动，所有的体育活动都有运动员表演和观众观赏这样一个相互活动的过程。武术既是一种人的身体活动，具有人体运动的一般审美价值，又是一种武技，能表现人在攻防技击时的技巧和能力，所以又具有一种技击性的神秘色彩和审美价值。同时它既有单练又有对练，既有套路训练又有对抗性练习，使它可以满足人们的不同欣赏需要。并且在其产生的过程中得到了加工、改造、提高，因而它又具有一定的艺术性。所以武术有其特殊的观赏价值。又因为武术在中国有广泛的群众基础，存在于民间，所以在民间各种喜庆集会活动中常有武术表演，这就使武术对丰富人民的文化生活具有更重要的作用。

中国古代军队中有“讲武之礼”，常有许多观众观看，甚至为一时之盛。在中国历史上有许多关于举行比武较技和武术表演盛况的记载，如汉代就有汉武帝元封三年春“作角抵戏，三百里内皆观”的记载。虽然汉代也泛称各种乐器杂技为“角抵戏”，但类似于现代摔跤的二人斗智较力、相互争斗的武技比赛仍是主要内容，而且一次比武较技能吸引三百里以内的人都来观看，可谓一时之盛。至宋代都市文化生活日益繁荣，相扑比赛表演不仅有军队中的“内等子、相扑手”，也有民间高手；不仅有男子比赛，也有女子献技。《水浒》第七十四回描写燕青与任原在泰安相扑比赛，燕青获胜时是“数万的香客看了，齐声喝彩。”足见观众之踊跃。在宋代的勾栏瓦舍之中还常有各种武术表演，并有对练节目，有时还伴有一定的情节。在军队中也时有大规模的武术操练和表演，在街头村镇卖艺人划地作场吸引路人观看更是遍布各地。这些活动很好地丰富了人们的文化生活，满足了人们精神需要。

各种类型的有组织或自发的武术表演活动一直持续到现在。在农村，每逢冬季农闲或庙会、春节、赶集时，常有武术爱好者逢场作戏，在南方还常与舞狮舞龙相结合，自发地进行表演，不收钱物，不较胜负，演者观者都自以为乐，又异于卖艺。这种季节性的民间武术表演已成了一种民俗时尚，是中国民间文化生活的一部分。

此外，还有许多有组织的武术比赛或表演，也都吸引了大量的观众，其中有许多武术爱好者，观看的目的在于观摩、学习，而一般观众则是在观赏的过程中得到一种精神上的满足和享受。

四、武术的教育价值

教育价值体现了武术在学校教育中的作用和地位。中国在秦以前的学校教育中就重视有关军事武技的教学内容。《周礼》中说“乃教之六艺”，即礼、乐、射、御（驭）、书、数。其中射、御都是和军事、攻防有关的技术。《孟子》中说：“设为庠序学校以教之。庠者，养也；校者，教也；序者，射也。”其中“序者，射也”是说序的意思是习射练武。以后虽然文武分途，并有重文轻武的倾向，但对于国家来说，文事武备不可或缺。

值得特别提出的是明清之际的思想家、教育家颜元，提倡实践，重视实用。不仅他自己学习武术，擅长拳法，而且在他所主持的漳南书院的授业课程设置中就有武备课，在漳南书院中“而习礼、歌诗、学书计、举石、超距、击拳，率以肄三为程，讨论农兵，辨商今古”。学子们在学习各种功课的同时，还要跑跳、举重和练习技击的技术，在当时这是难得一见的生动活泼的“学校”生活场面。武术这种传统体育是学校教育中很重要的一部分。

自民国以来武术在学校体育中逐渐受到重视，1915 年武术被正式列为学校体育课程，编写教材，改革教学，目的不仅在于向学生传授一些武术技艺，而且也有提高学生民族意识的作用，这和当时中国国力衰微、民族危机日益深重，需要激发人们穷则思变、奋发图强的精神是相一致的。

新中国成立以来，武术在学校教育中的地位进一步得到加强，多年来武术教材始终是各级学校体育课的必修内容之一，在开展校园体育活动、丰富学校生活、增强学生体质方面都起到了重要作用，特别是武术作为一种民族的传统体育活动，在举国上下为振兴中华而努力奋斗的背景下它对提高民族自信心有着重要的作用。

武术是一种武技，学习武术对人还有一种武德的教育作用。武德可以理解为掌握武技的人所应具备的道德，是习武者为把握社会、实现社会价值而建立的自我约束与精神自律体系。在学习武术时注重武德，可以增强人的社会责任感，为自我修养的提高、维护社会的正常秩序起到积极的作用。

五、武术的经济价值

发展体育运动的最终目的是为了促进经济的发展。因为体育和经济的发展有一种内在的联系，这就是经济发展需要健康的劳动力，体育的发展需要足够的物质和财富上的保证，同时体育本身就是一种产业，体育事业的发展能够直接带动经济的发展，这也就决定了体育在整个国民经济中的地位。所以在我国体育是国民经济中的一个独立的部分，有其独立的职能。由于武术是我国的一项传统的体育项目，它拥有更为广泛的群众基础，所以它在促进经济发展中又有其特殊的价值。

首先，增强人的体质就是发展劳动力。在社会生产中，劳动者是首要的能动因素，从事体育锻炼可以增进劳动者的健康，从而保护劳动力。同时参加体育锻炼可以提高人的素质，包括身体素质和思想素质。在生产活动中有了健康的劳动力，不仅可以提高生产效率，而且可以延长人的寿命，从而延长了劳动力使用的时间。所以参加体育锻炼，对于个人来讲增强了体质，促进了健康，而对于整个社会来讲则发展了生产力。

武术是一种精神产品，是一种社会享受的消费品，它和其他体育项目一样以劳务的形式为社会服务。在人的社会生活中，物质产品是不能缺少的，同样精神消费也是不可缺少的。特别是随着人们物质生活水平的提高，对精神产品的需求也随之提高，对体育的需要也相应增加，武术作为一种精神产品也表现了它的经济价值。

各种武术活动，包括各种表演、比赛、训练、教师上课、爱好者之间的传播等等，武术都是以精神产品为社会提供服务的。人们需要学武术、练武术、了解武术、观赏武术表演和比赛，这都是对武术这种精神产品需求的表现。参加武术锻炼的人数增加，正说明人们对这种精神产品的需求增加。而人们对武术进行探讨、议论，研究其技术的发展，也正好说明了要围绕着这种精神产品的供需情况来提高这种产品，以适应人们对武术的需要。群众对武术的评价、议论，正是消费者对这种精神产品好坏的品评。随着国际体育交往的增多，武术正在拥有越来越多的外国武术爱好者，这也表明了国际上对武术这种精神产品的需求。当武术以精神产品提供给社会的时候，提供这种精神产品的人也就提供了劳务。这种劳务可以创造财富，具有价值，可以进行交换。这表现为进行武术的教学、训练可以收取学费，举行武术比赛、表演可以出售门票，武术咨询、辅导也可以收费，个人办武术馆、校，则要按规定收费并向国家交纳税金，对外国人进行武术教学、训练，还可以为国家收取一定的外汇，都是因为在进行这些活动的时候提供了劳务，以劳务进行交换所致，这种交换就为社会创造了财富。

同时随着武术运动的发展，与武术相关的器材、服装等用品的消费也随之增加，虽然这不是武术本身所创造的价值，但和武术的发展则有着直接的关系。

主要参考文献：

1．姚瀛艇．宋代文化史．开封：河南大学出版社，1992
2．陈登原．颜习斋哲学思想述．北京：中国大百科全书出版社，1989
3．中国近代体育史．北京：北京体育学院出版社，1989

（作者：温　力）

第四节　武术的流派与分类

所谓武术流派，是指由于不同的技术特点和风格而形成的武术派别。从动态发展的眼光来看，武术流派与现代武术的各种运动形式实质上都是对博大武术的不同分类方法。早期武术流派受到当时武术发展水平和人们认识武术的局限，从不同角度对武术流派进行划分，而现代武术运动是按照现代体育的运动形式对武术进行分类的，两者既相互联系又相互区别。

一、关于武术流派的不同说法

流传于中华民族各地区的不同流派和不同风格的武术，凝结了不同历史时期中国人民的智慧和知识。历史上关于武术流派，较有影响的主要有以下几种说法：

“长拳”“短打”之类

明代戚继光在《纪效新书》中介绍的当时流行的拳法有“长拳”“短打”的分类，记载了“势势相承”的宋太祖三十二式长拳，还有“张伯敬之打”“李半天之腿”“千跌张之跌”和“鹰爪王之拿”等不同流派。明代程宗猷《耕余剩技·问答篇》记载“长拳有太祖温家之类，短打则有绵张任家之类”。后来人们将遐举遥击、进退急速、大开大合、松长舒展的拳术称为长拳类，而贴身近战、势险节短、动作幅度小、短促而多变的拳术称为短打类。

“内家”“外家”之说

此说见于清初黄宗羲撰《王征南墓志铭》中提到的“少林以拳勇名天下，然主于搏人，人亦得以乘之。有所谓内家者，以静制动，犯者应手即仆，故别于少林为外家”。明清之际的内家拳仅是一个拳种，外家拳仅指少林拳，到民国期间发展成“凡主于搏人”“亦足以通利关节”者，概称“外家拳”；凡注重“以静制动”“得于导引者为多”，概称为“内家拳”，后来有把太极、形意、八卦归为内家拳的说法。

“黄河流域派”“长江流域派”之划法

民国初年《中国精武会章程》等书中，使用了“黄河流域派”“长江流域派”，以江河流域分派。曾流传于不同区域的武术，风格特点迥然各异，因而划分为不同的流派。

“南派”“北派”之分

按地域划分的派别，见于民国时期陆师通《北拳汇编》等书使用的“南派”“北派”的分法。此说在民间广为流传，以流传地域为基础，并受地理环境气候的影响。我国南方流传的武术拳法多，腿法较少，动作紧凑，劲力充沛；而北方流传的武术腿法丰富，架势开展，动作起伏明显，快速有力，故有“南拳北腿”之称。

“少林派”“武当派”之别

少林派因以少林寺传习拳技为基础而得名。少林拳源自嵩山少林寺僧众传习的拳术，后来逐步发展的与少林拳系特点相近的拳技归为少林派。少林派拳技有少林拳、罗汉拳、少林五拳等。俗称内家拳为武当派，以黄宗羲撰《王征南墓志铭》为据，“有所谓内家拳者，……盖起于宋之张三丰。三丰为武当丹士”，故名。清末又有人称太极拳传自明代武当道士张三丰。此后遂有将内家拳、太极拳、八卦掌、形意拳称为武当派。1928 年成立的中央国术馆，曾一度依这种民俗分类和称谓，将该馆教学内容分为“武当门”“少林门”。现今有人将流传于武当山地区一带的武术称为“武当派”。

历史上的这些流派不同的说法，在某种角度上起着分类作用，虽然受到当时武术发展水平和人们认识武术的局限，但曾经对人们研究武术技术特征、武术分布区域和促进武术的发展与传播起到了一定作用。武术流派的形成和发展给予了我们许多启迪。武术技术流派的形成伴随着整个武术发展的历程，早期武术流派是以古兵器为标志的，有长兵、短兵的分类方法。随着武术运动的发展，不同技术特点风格的出现，形成了流派林立、百花争艳的局面。武术流派的形成都是既有继承，又有创新。另辟蹊径，并在逐渐发展过程中不断完善，其风格和技术特点都区别于其他拳技时，就形成了新的流派。戚继光“三十二式长拳”是吸取十六家拳法之长而创立的；太极拳的形成就是由陈王廷吸取了各家拳法之长，以戚继光三十二式长拳为基础发展而来，后经杨露禅、武禹襄、孙禄堂、吴鉴泉等人的丰富，逐渐形成太极拳派。这个逐渐鲜明、相对稳定而又传播开去的过程，就是某个流派最终形成的过程。

武术流派的发展大致有三种情况：其一，类同合流，壮大拳派。流派在发展过程中，将一些技法特征相同或相类的拳种归为一类，形成较大的拳派。传统的少林拳派就属此类情况。其二，繁衍支系，发展拳派。各式太极拳的繁衍，即属此类情况。其三，融合诸家，创立新派。如蔡李佛拳、五祖拳以及形意拳、八卦拳等，这种现象尤多。

武术流派在漫长的历史过程中，虽然受到封建时代小农经济以及宗法制度等的影响，使技术流派蒙上宗派、行、帮、教门等色彩，但武术技术流派在中国武术发展的历史长河中仍然起着积极的作用。流派体现了不同技术特点的风格，流派组成了不同的门类，流派延续了古老的技艺，使武术几千年来得以生生不息，延续式的发展，发展式的延续。

二、现代武术运动的内容与分类

武术运动发展到今天，它的内容和形式有很大发展变化，其分类方法也不尽相同，有按性质和功能进行分类的，也有按运动形式进行分类的。这些分类方法有利于展示现代武术的基本内容，区分武术技术特征的不同，揭示武术运动的某些规律和所属技术间的相互关系。现代武术与传统武术间是一脉相承的，传统武术是现代武术的活水源头，现代武术吸取传统武术的技法结构，并在此基础上发展，在价值取向上发生了很大的变异。现代武术的竞技价值和健身价值显得更为突出，它正在向多元化发展。

(一) 按照功能分类

武术运动按照功能分类，可分为竞技武术、健身武术、学校武术、实用武术。

1. 竞技武术

指高水平武术竞技，是为了最大限度地发挥个人运动潜能和争取优异成绩而进行的武术训练竞赛活动，它的特点是专业化、职业化、高水平、超负荷、突出竞技性。竞技武术正式出现在20世纪50年代以后，至今已形成一个完整体系。

竞技武术大致包括竞赛制度、运动队训练体制和技术体系三大部分，以竞技武术为形式的国际性武术比赛有世界武术锦标赛以及洲际性武术比赛。竞技武术在国内是以全运会为最高层次，以全国武术锦标赛为龙头，以套路、散打为竞技主要内容的结构模式。套路竞技内容有长拳、太极拳、南拳、剑术、刀术、枪术、棍术和其他拳术（第一类为形意拳、八卦、八极，第二类为通背、劈挂、翻子，第三类为地躺拳、象形拳等，第四类为查、华、炮、红、少林拳等)、其他器械（第一类为单器械、第二类为双器械、第三类为软器械)、对练项目（徒手对练、器械对练、徒手与器械对练)、集体项目等；散打竞技是按运动员体重，分为11个级别而进行的实战比赛，以决胜负。在技术发展方向上，套路是以突出竞技特点、提高技术水平和鼓励发展创新为基本内容思想，使技术向“高、难、美、新”的方向发展。散打技术发展是强化体能、技法全面、突出个性、快狠巧准。竞技武术发展的最高目标是进入奥运会。

2. 健身武术

是以普及为基础的，旨在强身健体而开展的群众性武术活动，它的特点是大众性、广泛性、自觉性、灵活性、娱乐性。健身武术涵盖的内容广泛。“源流有序，脉络清晰，风格各异，自成体系”的拳种至少有一百多种，还有流传于民间的不同风格的套路以及各种功法等。健身武术的内容也包括针对武术普及和全民健身计划制定的“段位制”和“健身养生”锻炼方法。健身武术内容丰富多彩，形式多种多样，有利于武术广泛普及，推进了武术的社会化。

3. 实用武术

是以部队和公安武警为对象的实用武术。它的特点是简单实用，一招制胜。特警部队、防爆警、公安等在训练内容上主要有四科，即射击、奔跑、游泳和擒拿格斗，其中擒拿格斗技术将散打规则中禁止部位作为重点攻击点，鼓励狠招，以实用武术为主。

（二）按照运动形式分类

武术运动按照运动形式分类，可分为套路运动和搏斗运动，具体内容如图1—4—1所示。

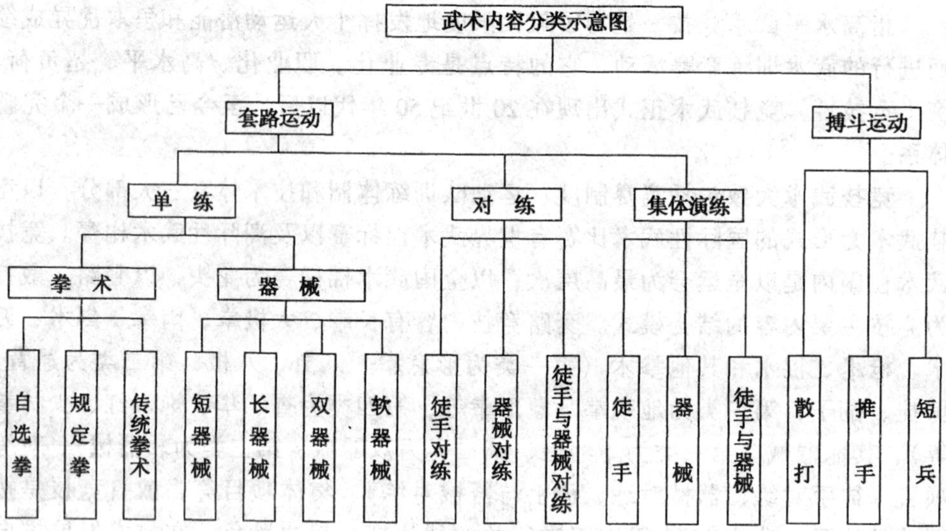

图 1—4—1

1. 套路运动

套路运动是以技击动作为素材，以攻守进退、动静疾徐、刚柔虚实等矛盾运动的变化规律编成的整套练习形式。套路运动按演练形式又可分为单练、对练和集体演练三种类型。单练包括徒手的拳术与器械。

对练包括徒手的对练、器械对练、徒手与器械对练。

集体演练分徒手的拳术、器械或徒手与器械。

(1) 单练

指单人演练的套路，包括徒手的拳术和器械。

拳术是徒手演练的套路运动，包括自选拳、规定拳、传统拳术。主要拳种有长拳、太极拳、南拳、形意、八卦、通背拳、八极拳、翻子拳、劈挂拳、少林拳、戳脚、地躺拳、象形拳等等，简介如下：

长拳

是一种姿势舒展、动作灵活、快速有力、节奏分明，并有蹿蹦跳跃、闪展腾挪、起伏转折和跌扑滚翻等动作与技术的拳术。主要包括拳、掌、勾三种手型，弓、马、仆、虚、歇五种步型，一定数量的拳法、掌法、肘法和屈伸、直摆、扫转等不同组别的腿法，以及平衡、跳跃、跌扑、滚翻动作。长拳技术以姿势、方法、身法、眼法、精神、劲力、呼吸、节奏为八要素。长拳套路主要包括适应普及的初级套路、中级套路，以及适应竞赛的规定套路和自选套路。

太极拳

是一种柔和、缓慢、轻灵的拳术。它以掤、捋、挤、按、采、挒、肘、靠、进、退、顾、盼、定等为基本方法。各式太极拳均要求：第一，静心用意，以意识引导动作，动作与呼吸紧密配合，呼吸平稳，深匀自然。第二，中正安舒，柔和缓慢，身体保持舒松自然，不偏不倚，动作绵绵不断，轻柔自然。第三，动作弧形，圆活不滞，同时以腰为轴，上下相随，周身形成一个整体。第四，连贯协调，虚实分明，动作之间衔接和顺，处处分清虚实，重心保持稳定。第五，轻灵沉着，刚柔相济，动作不浮不僵，外柔内刚，发劲完整。传统的太极拳有陈式、杨式、吴式、孙式和武式等。国家体委（国家体育总局）先后整理出版了简化太极拳、48式太极拳及各式太极拳竞赛套路。

南拳

流传于中国南方各地诸拳种的统称。拳种流派颇多，广东有洪、刘、蔡、李、莫等家，福建有咏春、五祖等派。一般特点是：拳势刚烈、步法稳固，多桥法，擅标手，常以发声吐气助发力助拳势。

形意拳

是以三体式为基本桩法，以五行拳（劈、崩、钻、炮、横五拳）和十二形拳（龙、虎、猴、马、龟、鸡、鹞、燕、蛇、骀、鹰、熊十二形）为基本拳法而组成的拳术。其运动特点是：动作整齐简练、严密紧凑、发力沉着、朴实明快。

八卦掌

是一种将攻防技术融合于绕圈走转之中的拳术。以站桩和行步为基本功，以绕圈走转为基本运动形式，步法变换以摆扣步为主，并包括推、托、带、领、扳、拦、截、扣等技法。基本八掌包括单换掌、双换掌、顺势掌、背身掌、磨身掌、回身掌、转身掌等。其运动特点是沿圆走转，势势相连，身灵步活，随走随变。

通背拳

以“腰背发力，放长击远，通肩达臂”，故名通背拳。其手法以摔、拍、穿、劈、钻为主，讲求圈揽勾劫、削摩拨扇。其运动特点是：出手为掌，击手成拳；腰背发力，放长击远；甩膀抖腕，立抡成圆；大开密合，击拍响亮，发力冷弹脆快。

八极拳

是一种以挨、傍、挤、靠等贴身近攻作为主要内容的拳术。其套路结构短小精悍，发力刚脆。步法以震脚闯步为主，具有节短势险、刚猛暴烈、猛起硬落、逼身紧攻的短打类型的拳术特点。

翻子拳

是一种短促灵便、严密紧凑、拳法密集、出手脆快的拳术。主要拳法有冲、掤、豁、挑、托、滚、劈、叉、刁、裹、扣、搂、封、锁、盖、压等。其运动特点是：步疾手密，闪摆取势，上下翻转，迅猛遒劲，双拳交替快捷，全套一气呵成。有"双拳密如雨，脆快一挂鞭"之称。

劈挂拳

是一种以猛劈硬挂为主、长击快打、兼容短手的拳术。基本方法有滚、勒、劈、挂、斩、卸、剪、采、掠、擯、伸、收、摸、探、弹、砸、擂、猛十八字诀。练习时要求拧腰切胯，溜臂合腕，讲究滚勒劲、吞吐劲、劈挂劲、翻扯劲和辘轳劲等劲法。其运动特点是：大开密合，猛起硬落，迅猛剽悍，双臂交劈，斜拦横击，吞吐含放，翻滚不息。

少林拳

是少林武术的总称，因嵩山少林寺而得名。其特点是注重技击，立足实战，套路结构短小精悍，严密紧凑，巧妙而多变。动作起、落、进、退多为直来直往。手法要求出拳、出掌"曲而不直，直而不曲"。身法在定势中要正，运动中应进退和顺，起落自然，变换灵活。步法要求轻灵敏捷，沉实稳固，劲力主刚，讲究刚健有力、勇猛快捷。少林拳的主要套路有少林五祖拳、小洪拳、大洪拳、罗汉拳、梅花拳、七星拳、柔拳等等。

戳脚

是一种以腿法为主的拳术。基本腿法包括丁、挑、端、剪、拐、点、蹶、碾、蹬、圈、错、转等。步法有玉环步、转趾步、倒插步、旋转步等。其运动特点是：架势开展，刚健快捷，灵活多变；以腰为主，脚力向下带臀发腿，向上带肩背发手。用法以腿为主，手脚并用，讲求"手是两扇门，全凭脚打人""手打三分，脚踢七分"。套路分为文趟子和武趟子。

地躺拳

是以跌、扑、滚、翻等摔跌技术为主要内容的拳术。技巧性较强，动作难度也较高，全套中常出现的动作有抢背、盘腿跌、摔剪、乌龙绞柱、虎扑、栽碑、扑地蹦、鲤鱼打挺及勾、剪、扫、绞等腿法。其运动特点是：顺势而跌，旋即而起，卧地而击，高翻低滚，起伏闪避，一气呵成。

象形拳

是模仿某一动物的技能、特长和形态，或模仿某种特定人物的动作形态，结合攻防技法而编成的拳术。具有以形取势、以意传神的特点，不仅重其形，而且更重其意，心动形随，形象生动活泼，技巧性强，风格独特。流传较广的主要有醉拳、猴拳、螳螂拳、鹰爪拳、蛇拳以及武松脱铐拳和铐手翻子拳等。

器械是武术演练时使用的器具或兵器的总称。器械的种类很多，可分为短器械、长器械、双器械和软器械四种。短器械主要有刀、剑、匕首等，长器械主要有棍、枪、大刀等，双器械主要有双刀、双剑、双钩、双枪、双鞭等，软器械主要有三节棍、九节鞭、绳标和流星锤等。现将竞赛表演中的主要器械项目简介如下：

剑术

剑是短器械中的一种。主要以刺、点、撩、截、崩、挑等剑法，配合步型、步法等构成套路。其运动特点是轻快敏捷，潇洒飘逸，灵活多变，刚柔相济，富有韵律。

刀术

是短器械中的一种。主要以劈、砍、斩、撩、扎、挂、刺等基本刀法为主，并配合各种步型、步法、跳跃等动作构成套路。其运动特点是勇猛快速，气势逼人，刚劲有力，雄健剽悍。

枪术

是长器械中的一种。主要以拦、拿、扎、崩、点、穿、挑、云、劈等枪法，配合各种步型、步法、跳跃构成套路。其运动特点是力贯枪尖，走势开展，上下翻飞，变幻莫测。

棍术

是长器械中的一种。主要以抡、劈、扫、挂、戳、击、崩、点、云、拨、绞、挑等棍法，配合各种步型、步法、身法等构成套路。其运动特点是勇猛泼辣，横打一片，密集如雨，气势磅礴。

大刀

长器械的一种。以劈、砍、斩等刀法为主，结合舞花等动作构成套路。在演练中都是双手握持，以腰力发劲，一动一静都表现出雄浑威武、勇敢果断的气势。练习时要求身械协调，劲力充沛。

双刀

双器械的一种。以劈、斩、撩、绞等刀法结合双手左右缠头、左右腕花、交互抡劈等变化构成套路练习。要求身械协调，步法必须与刀法上下相随，对上下肢的协调要求较高。双刀的运动特点是刀法密集，贴身严谨，左右兼顾。

双剑

双器械的一种。主要以穿、挂、云、刺等剑法为主，结合身法、步法，双手交替变换而构成套路。其运动特点是身随剑动，步随身移，潇洒奔放，矫捷优美。

双钩

双器械的一种。主要以勾、搂、锁、挂等方法构成套路。其运动特点是钩走浪式，身随钩走，钩随身活，身灵步轻，造型洒脱多变。

九节鞭

软器械的一种。主要以抡、扫、缠、挂及各种舞花组成套路。主要动作有手花、腕花、缠臂、绕脖、背鞭等。其运动特点是鞭走顺劲，抡舞如轮，横飞竖打，势势相连。人们常以"抡起似车轮，舞起似钢棍""收回一团，放走一片"来形容九节鞭的运动风格。

三节棍

软器械的一种。主要以抡、扫、劈、戳等棍法及舞花构成套路。其运动特点是轻巧灵便，能长能短，可伸可缩，软硬变换，勇猛泼辣，势如破竹。

绳标

软器械的一种。是以绳索缠绕着身体各部而变化出各种击法和技巧构成套路。主要动作有踢球、拐线、缠膝、十字披红、胸前挂印等。练习时须用巧劲，一根长索在身前、身后、腿部、肘部、颈部缠绕收放，出击自如，变幻莫测。是技巧性较强的项目。

(2) 对练

对练是两人或两人以上，按照预定的程序进行的假设性实战演练。其中包括徒手对练、器械对练及徒手与器械对练。

徒手对练

是运用踢、打、摔、拿等方法，按照攻防格斗的运动规律编成的拳术对练套路。有对打拳、对擒拿、南拳对练、形意拳对练等。

器械对练

是以器械的劈、砍、击、刺等技击方法组成的对练套路，如单刀进枪、三节棍进棍、双匕首进枪、对刺剑等。

徒手与器械对练

是一方徒手，另一方持器械进行的攻防对练套路，如空手夺刀、空手夺棍、空手进双枪等。

(3) 集体演练

集体演练是集体进行的徒手、器械或徒手与器械的演练。在竞赛中通常要求六人以上，可变换队形、图案，也可用音乐伴奏，要求队形整齐，动作协调一致。

2. 搏斗运动

搏斗运动是两人在一定条件下，按照一定的规则进行的斗智、斗技的对抗实战形式。目前列为武术竞赛的项目有散打、推手等。

(1) 散打

是两人按照一定的规则，使用踢、打、摔等方法制胜对方的竞技项目。

(2) 推手

是两人遵照一定的规则，使用掤、捋、挤、按、采、挒、肘、靠等手法，双方粘连黏随，通过肌肉的感觉来判断对方的用劲，然后借劲发劲将对手推出，以此决定胜负的竞技项目。

(3) 短兵

是两人手持一种用藤、皮、棉制作的短棒似的器械，在16尺直径的圆形场地内，按照一定的规则，使用劈、砍、刺、崩、点、斩等方法进行决胜负的竞技项目。

（作者：张选惠）

第五节　当代武术的现状与走向

一、国内武术的兴旺发展

（一）以增强人民体质为宗旨的健身武术

中华人民共和国的建立为武术书写新的历史篇章创造了条件。国家提倡做体操、打球、跑步、爬山、游水、打太极拳及各种各样的体育运动。在群众性武术活动中，太极拳是最适应人民群众需要、参与人数最多、持续性最长的一项活动。为了倡导太极拳锻炼，1956年国家体委组织专家整理、创编、出版了《简化太极拳》单行本和挂图，积极推动了简化太极拳在全国的普及。以后又陆续出版了经过规范整理编制的《八十八式太极拳》及各式太极拳械书籍。

太极拳由此更加蓬勃开展起来，各地太极拳辅导站星罗棋布，城乡都有无数爱好者，他们或在公园绿地，或在街边广场坚持锻炼。几十年来，太极拳锻炼已经成为广大人民群众的一项健身运动，特别是对中老年人的保健和延年益寿起到了良好的作用。

1978年邓小平为日本友人题写了“太极拳好”四个字，高度评价了太极拳的发展和作用，再一次对这项大众化的武术运动加以肯定和推广。这无疑是一个信号，预示着太极拳将作为有特色的民族体育项目奉献给世界。二十多年过去了，太极拳在推向世界的过程中走出国门，得到了进一步发展。在纪念邓小平题词20周年之际，于北京天安门广场组织了万人太极拳表演，其规模之宏大、动作之齐整、服饰之美观、场面之壮丽震惊世人。它是新中国武术的一个缩影，通过媒体的传播，它向世界展示了健身武术的成就和太极拳锻炼人群的精神面貌。2001年12月回归后的香港举办了15000人参加的“太极大汇演”和国际太极拳科学研讨会，中国武术代表团和应邀出席的武术专家、体育科研工作者参加了这次盛会。

在实施“功在当代，利在千秋”全民健身计划和反对邪教、提倡科学文明健身的活动中，太极拳运动正在作出新的贡献。2001年3月，在海南三亚举行以“科学、健身”为主题，以“和平、友谊”为目标的“首届世界太极拳健康大会”，吸引了世界各国及港、澳、台地区近万名太极拳爱好者前来参加。国际奥委会主席萨马兰奇发来了贺电，电文称“作为中国传统的体育项目之一的太极拳现已走向世界”，并对与会者表示“热烈的致意”。这次盛会显示出这项健身武术不仅得到中国人民几十年来的发扬光大，而且受到世界各国爱好者的青睐。

除了闻名于世的太极拳，近几年来木兰拳、木兰剑、木兰扇系列深受中老年妇女喜爱，在国内不少大中城市及港、澳地区均有组织地开展起来。国家体育总局还专门组织编制了木兰拳系列的规定套路，以利国内外交流、推广和普及。这些健身武术项目已经跨越地域和流派，成为在中国最广泛流行的健身运动之一，在建设现代化中国的过程中，它和其他地区性流行的传统武术项目共同以其鲜明的特色为祖国人民的健康服务，为精神文明服务。

（二）以提高套路运动技术水平为主的竞技武术

“普及和提高”是新中国武术发展几十年来始终如一的方针。在普及的同时成立武术运动队提高武术的套路运动水平，建立一整套武术竞赛体制和竞赛方法，是形成现代竞技武术运动的重要条件。

以1954年国家体委组建竞技指导科武术队为标志，现代竞技武术迈出了第一步。1957年武术被列为竞赛项目，各省、自治区、直辖市纷纷成立武术运动队。从1958年全国武术运动会开始，后来几乎每年都有十几个单位报名参加全国性武术比赛。实行武术竞赛制度有力地促进了各运动队抓好训练工作，在竞赛中互相交流学习，不断提高套路运动技术水平。

套路运动技术水平的提高与国家体委的方针政策密切相关。1959年国家实施第一部《武术竞赛规则》，1960年的武术比赛在长拳、太极拳的基础上增加了南拳项目，从此奠定了套路运动以长拳、太极拳、南拳为主的竞赛格局。20世纪60年代初，国家体委提出了“难度大，质量高，形象美”的武术技术发展方向，鼓励教练员、运动员创编自选套路，使长拳类拳、械套路在动作、组合、难度、布局等方面在继承传统中有了新的发展，“高、难、美”成为各运动队追求的目标。其突出表现是：套路的结构新，动作快，负荷大，造型美，腾空高，落地稳。

20世纪70年代，自选长拳类套路的技术难度有了进一步飞跃，腾空动作不仅讲究高度，而且出现了纵旋、侧翻、平旋横转等创新的高难动作，以及在这些动作之后接马步、坐盘或劈叉等稳定性要求很高的动作。这是广大教练员、运动员通过训练、竞赛创造性地表现出套路运动的新水平、新面貌，是智慧与实践的成果。这一变化发展使套路运动更符合体育竞技的需要。

长拳类竞赛项目的发展促进和推动了其他传统项目的继承与提高。传统拳械、对练项目、集体项目也进入武术竞技赛场，形成了一套较为固定的套路竞赛内容，通过以竞赛项目为导向，促进了这些拳械项目演练水平的提高。总之，这是一个适应青少年运动和比赛的武术套路竞技体系，是新中国新武术的一大体现。这个时期的赛场呈现出百花争艳的动人景象。

1986年在“突出项目特点，加强攻防技能，严格动作规格”的技术训练方向指导下，以后的赛会加强了对动作规格和项目特点的要求，还出现了集体基本攻防动作的比赛，通过训练和竞赛促进套路运动员理解和掌握攻防动作与攻防技能。

1994年全国武术训练工作会议进一步要求套路运动要坚持“突出项目特点，严格动作规格，强化攻防意识”，以及“继承、发展、创新”的原则，在坚持“高、难、美”的基础上提出“高、难、美、新”的技术发展方向。在历年出台的方针政策的引导下，竞技武术的套路运动形成了从优秀运动队、运动技术学校到业余体校的一条龙训练体系，一些二线队伍还增设武术班，扩大人才培养和储备。国家体委在上海体育学院举办了全国武术高、中级教练员岗位培训班，着力提高教练员的业务素质和理论水平，促进和推动套路运动的科学化训练。

套路竞技水平的普遍提高也反映在赛制的改革过程中。武术套路从作为比赛项目起，经历了比赛、表演赛的反复。1989 年国家体委将全国武术比赛改为全国武术锦标赛，实行分级赛（团体赛和个人赛分开进行）和升降级制(甲、乙级队的比赛)。为了培养人才，武术竞赛体制中还设有全国少年“武士杯”比赛、全国体育学院武术比赛和以武术馆校为对象的比赛等。竞赛体制的升级和多元化，说明参赛的不仅有优秀运动队为主的锦标赛，而且还有适合人才培养和在普及基础上提高的各类比赛，这对夯实武术竞技运动的基础起了积极的推动作用。

套路竞技水平提高的另一个重要标志是 1985 年国家体委颁布实行《武术运动员技术等级试行标准》。它有力地促进着广大武术运动员刻苦训练，争取优异成绩，成为不断提高套路竞技水平的激励机制之一。

套路竞技水平也是伴随着武术竞赛规则的多次修改而不断提高的。1996 年国家体委在多次修改规则的基础上，又一次对《武术套路竞赛规则》作出重大改革。这次改革是武术挑战自我的一次尝试，它在吸取体操、艺术体操、跳水、花样游泳等现代竞技体育项目的评分方法的基础上，加强量化指标，提高区分度和准确性，采用“切块”打分，制定出指定动作和难度创新等方面的一系列评分方法，引导教练员、运动员对指定动作加强训练，提高完成指定动作的质量，并且鼓励创新，进而促进武术套路技术水平继续向“高、难、美、新”的方向发展。2000 年全国武术训练工作会议提出了“突出竞技特点，提高艺术水平，鼓励发展创新”的新指导思想，继续坚持“高、难、美、新”的技术发展方向。第 9 届全运会之后，国家体育总局武术运动管理中心在工作总结中指出：“武术若要成为奥运项目，规则必须简化，易于操作”，2003 年出台了试验中的新规则（草案），“力争使武术竞赛规则更加科学，更符合奥林匹克运动的要求，为争取竞技武术进入奥运会创造条件”，这表明武术已不满足于已有的成就，而是要积极地面向未来。

可以这么说，当代武术套路运动的竞技史是不断进取和创新的历史，是改革的历史，是在继承前人遗产基础上有所提高的历史。套路演练也有“真功夫”，是对不断发展的套路运动技术水平客观、公正的评价。只有提高运动技术水平，武术才能确立自己在国内体坛的竞技地位。同时，武术的竞赛制度、规则、方法和配套措施也在发生着适应性变化，尤其由国内推向国际的过程中，竞技武术套路运动再一次经受了考验。

（三）以发掘、继承为特点的传统武术

早在新中国诞生不久，1953 年在天津举行了一次多民族参加的武术盛会。这次大会荟萃了新中国成立初期传统武术的精华。大会后朱德欣赏了赴京表演的武术优秀项目，指示说“要重视祖国几千年的传统”。

1957 年在北京举行的全国武术表演评比大会期间提出了发展传统项目的建议。1958 年的全国武术运动会又作出规定，要求运动员每人除了参加拳术、器械两类评奖项目外，还必须参加形意拳、八卦掌和短器械（刀、剑）的表演。1959 年的全国青少年武术运动会上已有长拳、南拳、形意拳、八卦掌以及刀、枪、剑、棍、鞭等拳、械的比赛和表演。到了 1963 年在上海举行的武术暨射箭锦标赛上，赛会已经呈现丰富多彩的继承传统的新格局，许多各具风格特点的拳、械项目纷纷亮相。1977 年举行的全国武术比赛有几十个不同种类、不同特点的拳术和器械项目成为比赛的内容。1978 年在湖南湘潭的比赛还特邀民间老拳师参加表演，鼓励开展民间武术活动，挖掘传统项目。1979 年第 4 届全国运动会武术比赛继续特邀民间武术代表参加。至 1982 年的全国武术比赛，男女竞赛项目增加到 16 项，传统拳术分一类、二类、三类、四类，传统器械分单器械、双器械、软器械三类，加之集体项目可以自选，如集体九节鞭、集体长穗剑等等，内容十分丰富。由此可见，各运动队在继承传统武术项目上所花的精力和时间并不逊于长拳、南拳和太极拳。

1979 年国家体委在全国范围掀起挖掘、整理武术的热潮。许多鲜见的拳种在南宁举行的全国武术观摩交流大会上作了交流表演。从 1980 ~ 1986 年，国家体委先后在太原、沈阳等地连续举办了 7 年全国武术观摩交流大会，对各地区流行于民间的传统拳术、器械、对练等进行交流，调动了对各地的传统武术进行发掘、继承的积极性，体现了国家对传统武术的高度重视。1986 年起全国武术观摩交流大会改为每两年举行一次，这项工作又持续了将近十年。

从 1979 年国家体委派遣调查组进行考察，至 1986 年在北京召开全国挖整工作总结表彰会、展览会，这场在祖国大陆广泛开展的武术挖掘整理工作，使很多濒危拳种得以抢救，包括全国各地编写的拳械录、录像资料、征集文物和古兵器等，硕果累累，并认定我国当时具有 129 个自成体系的拳种。这是不计重复的统计，是当代武术的一座丰碑。正如贺龙副总理在建国初期所说：“民间流传的武术套路是很多的，不仅汉族有，各少数民族都有，这是要花费力气去发掘的。”

挖掘整理和继承发展是相辅相成的。除了国家和地方花大力气挖掘整理，

以及每年武术套路竞赛规程要求各运动队参报传统拳术、传统器械和对练项目等，传统武术的广泛继承发展还体现在植根于人民群众的武术活动中。1979年后群众纷纷自办武术馆、社、站，至20世纪90年代初，各地武馆、武校、武术辅导站星罗棋布，入校习武的青少年几百万人，参加武术活动的人口全国有数千万。1991年被国家首批授予“武术之乡”的就有35个。1997年开始实行“武术段位制”，从初段位、中段位到高段位共有九段。这对武术在人民群众中的普及提高是一项新措施。1999年国家还在浙江台州举办国际传统武术暨绝技大赛，使各类传统武术有机会再显身手，交流技艺。这期间国家还编制出版了一批传统武术拳种的竞赛套路书籍，为进一步推广和普及传统武术打下了基础。

（四）“技击”武术的复兴

“技击”武术的复兴进一步增强了武术运动的竞技性。1979年在“积极、稳妥”的方针指导下散手项目进入试验阶段，并在全国武术观摩交流大会上作了汇报表演。这是武术运动在解放思想、实行改革开放形势下的一次重大的历史性变化。

为了使试验阶段的散手运动健康发展，国家将散手运动限制在一定的范围内进行。从1983年起萌芽状态的新兴散手运动经历了6年表演赛的磨炼。1989年举行第一次散手正式比赛——全国武术散手擂台赛，同时实施《武术散手竞赛规则》。1990年国家体委出台《武术散手运动员技术等级标准》，同年批准首批散手武英级运动员和国家级散手裁判员。指导散手训练的教材《中国散手》也相继问世。经过10年磨砺，中国散手技术与训练基本规范化、系统化，运动员的临场发挥基本成形，技术水平有了层次之分，理论方面作了较为系统的总结，还形成了一支散手裁判员队伍。这表明散手运动可以在更大范围内开展了。1991年在北京举行国际武术散手邀请赛，将经过多年实践趋于成熟的“技击”武术中的散手运动介绍给国外武术爱好者。初战告捷的国际邀请赛标志散手竞技迈出了推向世界的脚步。民国时期没有做到的事，新中国做到了。如今的散打竞赛已经是中国武术竞赛体制的组成部分，散打运动经历了数届世界武术锦标赛，是中国武术竞技运动的又一支生力军。优秀散打运动员已在中美散打、拳击对抗赛中崭露头角，女子散打也开始在竞技体坛上施展身手。散打运动和套路运动一样，成了全运会项目，不仅有男子项目，而且也将有女子项目。

长期流行于民间的武术另一个对抗性项目——太极推手，也自1979年随着改革的春风作为试点项目在全国武术观摩交流大会上作了首次表演。随后经过3年试验，试行太极推手规则和试行内部比赛。从1982~1989年太极推手被列为表演赛的比赛内容。经过多年的表演赛，1994年这项赛事升格为锦标赛，正式成为竞赛项目，还设立了女子推手。同年，国家颁布《武术太极推手竞赛规则》，并举办了首届裁判员培训班。从1996年酝酿《中国太极推手》书稿到1999年出版，太极推手竞技运动初步完成了技术和理论系统性、规范化的工作，形成了有别于其他“技击”项目的鲜明竞技特色。

太极推手和散打经历了同时期的磨炼终于双双成功地步入现代竞技体育的领域，这是解放思想、冲破禁区、不断实践验证取得的重大成果。如果说曾经被禁锢的散打得以开展是象征“技击”武术的复兴，那么长期流行于民间的推手被引入大雅之堂，进入竞技体育的行列，更说明我国对“技击”武术的重视。这是一种开拓，也是对中国传统武术的继承和发展。套路、散打和推手共同构成了现代武术运动的竞技体系，也就是人们说的新武术。新中国体育的贡献之一就是为新武术奠基，为新武术劈荆斩棘。

（五）武术的科学研究

近代武术以《中华新武术》为标志，开始了洋为中用、中西结合的尝试。当时立志运用“科学”解释武术的人们，多采用单一学科的知识去认识武术和说明武术，这种“单打一”的洋为中用的“科学”意识，毕竟落后于同时代的以“知识体系”和“学科群”为代表的西方科学思潮，表明当时的武术科学研究仅仅处于萌芽阶段。当代武术科研的发展首先表现在多学科研究意识的觉悟。1978年版的体育院系通用教材《武术》第一册第二章根据武术的特点深刻指出：“武术‘内外合一’的说法，是符合矛盾的对立统一规律的”，“研究武术技术，解决‘内外合一’的矛盾，应以生物力学、解剖学、生理学和生物化学为依据。因为人是有生命活动的统一整体。在分析武术中任何技术动作时，不能只注意肌肉工作的机械力学原理，还应该从高级神经活动的支配作用，以及呼吸调节、劲力变化等来分析武术动作”。这说明武术的科学研究已经不满足于运用一两个基础学科的知识解决某个问题的做法，而是需要运用多学科知识较全面地研究和认识武术。从1923年起人们对何玉山先生的生理测试，直至1978年武术权威教科书上明确表示出武术需要多学科研究的信息，时间跨越半个多世纪，人们从单一学科进行的武术研究中觉醒，运用多学科知识进行武术研究的意识终于萌发。

进入20世纪80年代以后，我国培养的历届武术硕士研究生，完成了一批具有较高质量的论文。这个时期研究生科研的最大特点，是采用较先进的测试仪器和多种研究方法，尤其是采用了统计处理的方法和计算机建立数学模型的方法，使武术科研论文的价值和所揭示的事物的规律、所预测的事物的可信度，有了显著提高。

在国家体委武术研究院的主持下，1987年首届全国武术学术研讨会展示了一批多学科对武术进行研究的科研成果和一支武术科研队伍。从后来陆续汇编、选编出版的历届学术研讨会的论文集中，可以看到这些书籍记载了当代武术为实现学术研究科学化、现代化所作出的努力。

20世纪80年代以来，武术学术研究的热潮后浪推前浪，一浪高一浪。体育院校学报上的武术论文和各种武术杂志上发表的武术学术文章，是体现武术科研工作蒸蒸日上的重要组成部分。许多研究文章向人们传递着科学的信息。有的从哲学的角度撰写，有的从争鸣的角度辩论，有的从历史的角度考证。总之，这些刊物所发表的论文，营造了这个时期的学术氛围，为武术的科研工作锦上添花。

20世纪80年代以来，是当代武术科学研究蓬勃发展的时期。空前的挖掘整理工作取得了丰硕的成果，为武术科研工作提供了丰富的资料，创造了良好的条件。在挖掘的基础上，国家体委确定了武术重点科研课题，由体育院校科研部门和地方行政部门联合承办，课题组成员由体院内外专家、学者组成。将这种协作攻关机制引进武术科研工作，较之个体式研究，是一个重要变化。这种协作机制及其做法在后来一些重大课题的研究中逐步体现出来，并发挥了作用。入选巴塞罗那国际奥委会世界体育科学大会的一篇研究武术运动员负荷强度和耐力水平的论文，引起国外体育学者的关注。而这篇论文正是多学科协作攻关的结果，它使当代中国武术科学研究获得首登奥林匹克科学圣殿的成就。之后，武术的优秀学术论文又分别被亚特兰大、悉尼奥运科学大会、亚运会科学大会，以及相关国际学术会议所录用。

20世纪末，国家体育总局武术运动管理中心设立的武术科研基地，围绕武术进入奥运会所设项目问题展开科学攻关。科研基地以博士生导师挂帅，以一批研究生为重要科研力量组成课题组，经过调研、统计、分析和论证，拟出若干设项方案。1999年举行的全国武术论文报告会上，上海体育学院和北京体育大学的课题组宣读了论文，为武术进入奥运竞技体坛做了前期准备工作。武术科研基地以武术运动科学化训练为主要研究方向，结合为武术管理部门提供战略性和策略性理论依据而组织科学研究。其特点是以体育院校的教授、副教授和研究生为攻关力量，研究生参与重大科学研究并发挥作用，已经成为活跃在当代武术科研前沿的生力军。

（六）武术教育机构与人才培养

新中国五十多年来使武术得到继承和发展，与建立一系列的机构和有组织地开展武术活动密切相关。各省市武术队的建立，辅以省、市业余体校武术队，区、县业余体校武术队等，形成了培养竞技武术人才的一条龙体系。1956年成立了中国武术协会，之后各省、市也建立武术协会，组织全国和本地区的武术活动。1986年成立了国家体委武术研究院，不久各省、市相继成立各省市武术馆（院），组织开展武术活动，培养武术人才。同时社会上的武术辅导站、武术训练班成了培养各类武术人才的场所。尤其改革开放以来，民办武馆、武校、拳社、武术之乡纷纷建立，吸引了成千上万不同层次、不同年龄及身体条件的爱好者，特别是武馆、武校，大量的青少年投入其中锻炼学习，使武术社会化又具有一层广泛的群众基础，并且教育培养了不少武术人才。

除了以上所述，国家于1961年就将武术内容列入中小学体育教学大纲，要求从小学、初中开始就学习武术基本功和基础套路，高中阶段安排单练或对练学习内容，在初、高中阶段还有武术选用教材。国家长期以来对武术教育十分重视。直至目前，我国高等院校的公体课仍需学习初级长拳第三路、初级剑术或初级棍术、简化太极拳等武术内容。初步掌握武术的基本技术和技能，是中国大学生必备的素质之一。这是国家在正规教育中十分珍视民族传统体育的一种做法，是教育部门从小学、中学、大学一贯制的体现。

我国社会化的武术业余教育和正规化的学校体育教育都贯穿着武术教学内容，而高等体育院校武术专业在培养专业武术人才方面则起了重要作用。

20世纪60年代初，我国第一部体育学院本科讲义《武术》（上、中、下三册）问世，以后历经四届全国体育院校教材组组织编写教材，于1978年、1985年、1989年、1991年和1997年陆续出版了两部通用《武术》教材和普修、专修各一部《武术》教材，还有《武术理论基础》教材。另外，这本新教材《中国武术教程》也已审定出版。这些教材建设工作体现了国家对培养武术专业人才的关怀和对武术事业发展的高度重视。

20世纪50年代体育院校的武术还只是一个项目，以后成为一个学科，到80年代武术被国家确立为专业，原国家体委属下的各所体院均先后成立了武术系（部）。80年代后期至90年代初，国家体委先后对武术重点学科进行两次专家评估。90年代后期武术专业拓宽为民族传统体育专业。

国务院于1982年首先批准上海体育学院具有武术硕士学位授予权，可以培养武术硕士研究生，继之，北京体育学院、成都体育学院的武术专业也具有硕士学位授予权。随后一些高等体育院校具备条件的武术学科也相继招收武术硕士研究生。1996 年，国务院又批准上海体育学院的民族传统体育学学科具有博士学位授予权，可以招收武术博士生。从此，中国武术的高层次人才培养体系初步告成。从进修生、函授生、专科生、本科生、硕士生乃至博士生的教育体制，确保了武术人才的知识化、科学化、现代化。从 20 世纪 70 年代末开始，武术研究生招考制度正常化，其后研究生的质量逐年提高，20 世纪末基本上形成了以研究生为生力军的科研攻关力量。80 年代以来培养的一批硕士生已经在各自的工作岗位上成长为学术骨干。至 2002 年，我国已经招收了 6 届博士生，3 届已完成博士论文，并获得博士学位。可以预计，今后高层次武术人才将会层出不穷，为振兴当代中国武术而发挥他们的聪明才智。

二、武术推向世界与世界接纳武术

（一）竞技武术国际化的逐步实现

自 1982 年全国武术工作会议制定了积极稳步地把武术推向世界的方针后，为了实现这一战略目标，我国在历年派出武术团队出访表演、扩大影响和宣传武术的基础上，以比较成熟的套路运动的竞技形式首先开展国际武术竞赛活动，并日渐活跃。

1985 年我国在西安举办了第 1 届国际武术邀请赛，竞技武术首先以主人的身份用请进来的方式打开了走向世界的大门。1986 年又在天津举办了第 2 届国际武术邀请赛。这两届邀请赛影响和推动了亚洲和世界其他地区的武术竞赛活动，为竞技武术进一步加大对外推广的力度和实施国际化战略创造了良好的氛围。

1987 年起，在日本横滨、香港、韩国汉城、菲律宾马尼拉和越南河内等地先后举办了亚洲武术锦标赛。亚洲在中国武术的影响下，许多国家和地区的武术套路运动竞技水平逐年提高，成为世界上武术运动发展较快的地区。1990 年在北京举行的第 11 届亚运会将武术列为正式比赛项目。1994 年在日本广岛举行的第 12 届亚运会和 1998 年在泰国曼谷举行的第 13 届亚运会，武术都被列为亚运会常设比赛项目。连同 2002 年釜山亚运会，已进行了四届武术竞赛。1991 年在北京举办了首届世界武术锦标赛，这是一次由 40 个国家和地区参加的世界性的武术盛会，它昭示中国的竞技武术经过近十年的筹措与努力，终于取得了由国际性的武术赛事向世界性的武术竞赛转变的阶段性胜利。这次比赛，中国的套路和散打同时被接纳为世界性的竞技运动。它说明在中国举办的武术赛事，套路和散打都将是并行不悖、代表当代武术的两种主要竞技形式，它们是统一的整体，是我国要贡献给世界的民族传统体育项目。1993 年第 2 届世界武术锦标赛在马来西亚的吉隆坡举行，后来每隔两年，这一世界性的武术赛事又在美国、意大利、香港和亚美尼亚等国家和地区相继举行。

在武术推向世界的进程中，不仅在亚洲竞技武术的赛事频繁，而且在欧洲举办的多届武术锦标赛上，套路和散打竞技都已成为赛制，法国、意大利、比利时、英国、德国、西班牙、瑞典等国都派队积极参加。此类洲际武术赛事，除了亚洲、欧洲之外，在各大洲武术组织的推动下，竞技武术在世界上产生了积极的影响。

为了向世界推广武术，国家体委组织专家编制出版了长拳、刀、枪、剑、棍、太极拳、太极剑、推手、南拳、南刀、南棍以及陈式、杨式、吴式、孙式和武式太极拳等各种竞赛规定套路，还举办了各类学习班，选派教练员援外推广这些竞赛套路。同时，为了适应国际竞技武术的发展，对纷至沓来的各国各地区的武术团体和个人，举办了外国学员培训班。随着国际性、世界性武术竞技运动发展的需要，我国多次举办了国际武术教练员和国际武术裁判员学习班，为各国、各大洲武术组织培养了一大批骨干，为竞技武术推向世界奠定了基础。

从 20 世纪 80 年代初提出把武术推向世界的战略方针，到 20 世纪末，武术终于以中国为策源地实现了竞技武术国际化的目标。

（二）世界已经接纳武术

自 1984 年筹备成立由中国牵头的国际武术组织起，把武术推向世界的目标中已经蕴涵着进军奥运会的决心。在它的推动下，之后的 14 年间，各大洲的武术组织纷纷建立起来。欧洲武术协会、南美武术功夫联合会、亚洲武术联合会、非洲武术功夫联合会、大洋洲武术联合会，这些洲际武术组织的建立，表明当代中国武术已经有组织地进入了世界范围的发展。

国际武术联合会会员数由 1990 年成立之初的 38 个发展到 1993 年已有 57 个，一年后被世界单项体育联合会正式接纳，两年后接近奥委会接纳的会员数，达到了 75 个。1998 年国际武联已达到国际奥委会承认的基本要求。1999 年国际奥委会通过决议接纳国际武术联合会。目前国际武联已有 103 个会员单位，这表明世界竞技体育最有权威的机构正式承认武术的竞技地位，竞技武术在世界的传播和影响已不容忽视。

主要参考文献：

1. 国家体委武术研究院．中国武术史．第1版．北京：人民体育出版社，1997
2. 《中国武术百科全书》编撰委员会．中国武术百科全书．第1版．北京：中国大百科全书出版社，1998
3. 丁丽萍、郭志禹．竞技武术套路运动40年评鉴与思考．体育文史．1998（6）
4. 郭志禹．武术世纪战略思考之二．上海武术．1999（4）
5. 郭志禹．武术科研的战略构想．上海体育学院学报．1997（1）
6. 郭志禹．竞技武术国际化综论．上海体育学院学报．2002（4）

（作者：郭志禹）

第二章

武术套路教学

第一节　套路教学的基本特点

一、重视基本功、基本动作的练习

武术的内容丰富多彩，在安排教学内容时，要针对学生的具体情况以及教学的任务，尽量做到系统化、多样化；根据运动技能形成的规律，循序渐进。教材的内容和教学步骤应当从简单到复杂，由易到难，同时根据武术技术的特点，教学中不断强化基本功、基本动作练习。

基本功、基本动作是武术技术的基本组成部分，是对身体各部位进行专门练习的重要内容，掌握正确的基本功、基本动作对于学习武术套路、攻防技术和提高运动技术水平具有十分重要的意义。基本功、基本动作一般概括为手型、步型、手法、步法、腿法、肩功、臂功、腰功，以及平衡、跳跃、跌扑、滚翻等内容。经常进行基本功练习，可以增强各个关节、韧带的柔韧性和灵活性，提高肌肉的控制能力和必要的弹性，对于提高动作质量、减少伤害事故发生和延长运动寿命有着十分重要的作用。基本动作是套路运动的基础，任何拳术、器械套路都离不开基本动作。因此，将基本功、基本动作练习贯穿于武术教学的始终，是武术课教学内容安排的特点之一。

二、以直观教学为主，强调动作规格

武术套路具有动作多、路线方向变化多和一个动作包含因素多的特点，外形要求手、眼、身、步的配合，内有精神、呼吸、意识、劲力相统一的要求。另外，各种拳、械均有不同的特点与风格，这给教学带来了难度，因此，必须依据人类认识事物的规律组织教学。人类认识客观世界的规律是从感性认识开

始的，运动技能形成初期，强调动作规格，教师准确、连贯地示范，对建立正确的动力定型尤其重要。动作规格是根据武术运动不同拳种的特点与风格对动作准确性提出的具体要求。拳种、风格、特点不同，动作规格要求也不一样，所以动作规格是体现拳种特点与风格的重要内容，是评价教学效果与运动成绩的重要因素。以单个动作为例，首先要强调该动作姿势（手型、步型、身型）的准确与工整；其次，应强调该动作方法（手法、步法、腿法、身法）的正确。强调动作的规格，是武术直观教学的基础，也是学生建立正确动力定型的根本保证。

同时，合理地运用各种直观方式组织教学，对于正确地理解动作概念尤其重要。必须依据教学的主要任务，结合学生练习的实际情况，采用正确的示范位置和方向进行完整示范、分解示范、重复示范、重点示范、对比示范，并辅之以语言讲解、提示、多媒体教学等形式，使学生了解所学动作的形象、结构、技术要领和完成方法，逐步建立正确的动作表象。

三、讲解动作攻防特点，突出不同拳种的技击风格

攻防技击性是武术的技术风格与特点。武术最初作为军事训练的手段，与古代军事斗争紧密相连，其技击特性是显而易见的。随着时代的发展，冷兵器的消失，武术逐步成为一种民族形式的体育，不少技术在动作规格、动作幅度和动作节奏的要求上与技击的原形有所变化，然而就整个套路来讲，仍然是以踢、打、摔、拿、击、刺为主要内容。因此，在套路教学中必须抓住不同拳种、器械的技击特点，对动作进行分析，讲解攻防含意、劲力使用方法、节奏变化差异，强调动作的速度与力度，使学生明确动作的用法，加深对攻防动作的理解。通过对攻防意识的培养，演练时合理处理动、静、起、落、站、立、转、折、缓、快、轻、重的技术要求，掌握不同拳种的技击技巧，充分运用武术攻防格斗规律表现动作的攻防意识，突出各拳种不同的风格特征。

四、注重内外兼修，提高演练技巧

提高武术演练技巧，是武术教学的重要特点之一。武术的演练技巧体现在套路演练中对劲力、协调以及内在精、气、神的表现能力。武术套路运动不是动作的简单重复，它要求演练时用力顺达，力点准确，手、眼、身法、步以及各种方法协调一致。通过准确有力的外在动作，把内在的意识表现出来。在传

统的练功方法中，强调“拳打千遍，其理自见”“外练筋骨皮，内练一口气”，都是体会“神形兼备”和“内外合一”的演练技巧。

第二节 套路教学的阶段与步骤

一、套路教学的阶段

根据人的认识规律——由易到难、由浅入深、循序渐进和武术套路技术动作的特点，武术技术教学可分为三个阶段。

第一阶段：主要进行基本功、基本动作、基本组合和基础套路的教学。基础套路教学一般以拳术为主，要求学生学会动作，明确规格，掌握练习方法，发展专项身体素质，提高身体适应套路教学训练的要求。

第二阶段：主要在巩固第一阶段教学成果的基础上，教学拳、刀、枪、剑、棍等中级套路及传统项目，要求掌握套路的动作规格和不同套路的技术特点与技术风格，并进一步加强身体训练，以适应更高的技术要求。

第三阶段：进一步巩固与提高单练套路的演练技巧和难度动作质量，学习对练套路，根据学生的身体素质与技术特点，形成学生个人技术特长与风格。

二、套路教学的步骤

武术套路是由数十个动作所组成，每个动作都包含着方向路线、架势结构、劲力方法、心志意向、节奏神韵等要素。教学中应根据运动技能形成的规律，通过一定的步骤使学生逐步掌握动作。套路教学一般可分为五个步骤。

第一步：主要任务是使学生掌握动作的方向路线。通过教师的正确示范和简介要领，使学生弄清动作的方向路线。对于动作姿势可作一般的要求，否则易引起学生的疲劳，分散学生对方向路线的注意力，从而降低了学习效率，影响了教学任务的完成。

第二步：主要任务是使学生完成动作的姿势达到准确与工整。在学生掌握了动作的方向路线之后，教师要按正常的速度进行正确的示范，并组织学生反复练习，不断纠正错误动作，严格要求，强调动作的细节和手型、步型、身型的准确与工整，克服紧张、僵硬、不协调等反应，使正确的动作逐步成型。

第三步：主要任务是使学生连贯完整地完成动作。教师要根据套路的节奏进行正确连贯的完整示范，使学生明确动作之间衔接的技巧与方法，并严格地组织练习，强调动作协调、完整统一、用力顺达。

第四步：主要任务是使学生掌握武术动作的特点与演练风格。主要是通过教师对动作的性质、劲力、风格、节奏的分析，进一步讲解精神、意气与形体动作的结合，在教师的指导下，使学生体会“形神兼备”“内外合一”的演练技巧，突出所学项目的特点与技术风格。

第五步：主要任务是通过训练继续巩固与提高。这一步要求教师认真组织学生进行训练，将前四个步骤掌握的动作技术进行巩固与提高，使学生在纠正错误动作的同时巩固正确的动力定型。

第三节　套路教学的方法

教学方法是完成教学任务的手段与途径，科学地运用教学方法对于充分调动学生的积极性、完成教学任务和提高教学效果有着重要的意义。教学方法的运用要根据教学任务、教材特点、学生的实际、教学条件等具体情况来确定，应力求做到以任务为目标，以方法为途径，采用行之有效的教学手段来保证任务的完成。武术套路教学中常采用的教学方法有直观教学法、完整与分解教学法、语言法、预防与纠正错误法、练习法、比赛法等方法。

一、直观教学法

（一）动作示范

动作示范是直观教学法中最基本、最常用的一种方法。它是以准确的动作为范例，使学生通过直观了解动作的形象、结构、要领和方法。正确的示范，不仅可以使学生从感性认识来获得正确的动作全貌，而且可以提高学生学习的兴趣，激发学生学习的自觉性。为了使学生能比较全面地观察示范的动作，突出示范的目的，取得更好的效果，示范动作时应注意以下几个问题：

1. 示范位置的选择

教师示范位置的选择应以全体学生便于全面观察为主要依据。一般有三角形顶点示范（教师站在学生横队的等边三角形顶点）、中心示范（教师站在学生队伍的中间）、斜前方示范（教师站在学生学习套路前进方向的左或右前方）。

2．示范面的运用

正确地使用示范面可以让学生更好更快地学会动作，掌握要领。一般情况下，凡是身体侧向行进的动作，可做镜面示范；凡是身体正向行进的动作，可做侧面示范；不能做镜面与侧面示范的动作，可做斜面示范；比较复杂繁难的动作，可做多面示范。另外，还可以将动作进行分解或重点进行示范。

3．领做示范

学习新动作要求教师采用领做示范。领做示范时，教师应注意示范的位置与示范的速度。

领做示范时教师应根据套路的运动方向来选择位置，一般位于学生的左、右前方或正前方，要使学生尽可能看到教师领做，以便进行模仿，掌握动作的运动路线、方法与姿势。当运动方向改变时，教师应更换位置。

领做的速度，通常在开始学习时要慢速进行，以利于学生进行模仿，随着对动作的逐渐熟练，逐步过渡到正常领做。

4．示范与讲解结合运用

动作示范是作用于视觉器官的直观教学方式，易于收到感知动作形象的效果。生动形象地讲解则是通过语言作用于听觉器官的直观方式，可准确地揭示动作的内在联系。示范与讲解结合不仅可以使学生直观地模仿动作，而且可以通过语言刺激，让学生进一步明确动作要领，体脑并用，提高教学效果。一般情况下，对水平比较低的学生以示范为主，以讲解为辅；对水平较高的学生以讲解为主。学习新动作时，根据教材的难易程度、学生的实际水平等情况来采用示范与讲解结合。

（二）多媒体教学

利用现代化的科学技术进行武术套路教学对于提高教学质量有着十分重大的促进作用。近年来，多媒体教学广泛应用于体育运动中。多媒体教学是一种以交互方式将文本、图形、图像、音频、视频等多重媒体信息，经过计算机设备的获取、操作、编辑、存储等综合处理后，以单独或合成的形态表现出来的技术和方法。多媒体教学是现代教学训练的手段之一，它有助于学生建立正确的动作概念，能充分显示动作的结构、过程、关键、要领与细节，特别是对结构复杂、腾空技术、难度较大的动作，能提供生动、形象的直观方式，同时还可以加深学生对教材的理解和分析动作要领，领会单个动作至全套动作的演练风格。恰当地运用多媒体教学，可丰富教学内容，对于调节学生的学习兴趣和提高教学效率，有着重要的现实意义。多媒体教学将以多种媒体的表现形式、有效的交互能力、灵活多变等特点在武术教学中得到广泛的应用。

二、完整与分解教学法

武术套路是由单个动作组成的，每个动作难易程度不一，所以武术教学常用完整与分解的教学方法。

（一）完整教学法

完整教学法可以使学生了解单个动作的全貌，形成完整的概念，因而它是主要的一种教学方法。它的缺点是遇到比较复杂或难度大的动作时，学生不易正确地掌握动作细节，难以达到教学要求，因此，在下列情况下可以运用完整教学法：

1. 动作结构简单和难度不大的动作。
2. 对有一定专业基础的学生进行教学时。

（二）分解教学法

是将完整的单个动作合理地分解成两个或两个以上的部分进行教学的一种方法。其优点是便于学生掌握动作细节，更好更快地达到动作要求。在下列情况下可运用分解教学法：

1. 结构和方向路线较复杂繁难的动作。
2. 攻防因素较多的动作。
3. 富于顿挫、节奏感变化较强的动作。

分解教学法不宜将动作分解得过碎，教学中应尽快地过渡到完整动作，以免影响动作的完整性。一般可以采用完整—分解—再完整的原则，把分解教学与完整教学有机地结合起来，使学生通过分解教学掌握动作的细节，通过完整教学了解动作的全貌，通过分解与完整教学相结合使学生从学会单个动作到学会整个套路技术。

三、语言法

正确地运用语言进行讲解、启发和提示，能使学生明确任务，端正学习态度，启发学生积极思维，因此，对于正确理解动作、加速掌握技术要领、培养学生分析问题与解决问题的能力，以及完成教学任务具有十分重要的意义。

（一）讲解

讲解是语言法中最主要的一种形式。讲解要有明确的目的，要通俗易懂，简明扼要，富有启发性，并且注意讲解的时机与效果。

1. 讲解的内容

教学中一般需要讲解的内容有：

（1）讲解动作的规格与要求

动作的规格与要求，是武术科学化、规格化的关键，通过讲解使学生进一步明确动作的规格与要求，启发学生的思维，提高技术动作的质量，形成正确的动力定型。

（2）讲解动作的基本规律

讲解武术套路运动的基本规律不仅有助于学生加强记忆，更好地掌握技术，而且有助于加强学生的素质培养，在实践中不断创新，如武术动作技法的基本规律、呼吸与动作配合的基本规律、套路运动的节奏规律等。

（3）讲解动作易犯的错误

讲解动作易犯的错误与纠正方法，可以提示学生防止发生此类错误，即使在训练中出现了错误，也可以很快地意识到并采取一定的办法予以纠正。

（4）讲解动作的关键环节

动作的关键环节决定着能否尽快学会与正确掌握该动作。因此，必须认真分析动作，抓住关键进行讲解，使学生更好地掌握动作。

（5）讲解动作的攻防含义

攻防含义是武术的主要特征，是套路运动存在的主要依据，正确地讲解动作的攻防含义有助于学生准确地理解与掌握动作，使意识更清晰，动作更逼真。

2. 讲解的方法

教学中一般采用以下方法：

（1）形象化讲解

即将武术动作的形态比喻成自然界常见的某种现象。比喻必须形象、贴切，有利于学生发生联想。

（2）术语化讲解

术语是指武术的专门用语，具有简明扼要的特点。常用术语进行讲解不仅有利于规范化的要求，而且可以减少讲解时间，把书本知识与实践结合起来。

（3）口诀化讲解

口诀化讲解是指将武术的某个动作进行高度概括，总结成言简意明并有一定格律韵味的词句。口诀化讲解有利于调动学生的积极性，活跃课堂气氛，加速学生对动作的理解与掌握。

（4）单字化讲解

单字化讲解是指对武术动作的某个环节或关键进行提炼、归纳、总结成一个字进行提示，或以若干个单字提示动作的若干个环节。它不仅可以节省时间，而且便于学生理解和掌握动作要领。

（二）口令的运用

口令是组织学生、指挥学生的重要手段。在武术教学中，长拳的口令一般是声音洪亮，短促有力；太极拳的口令则较柔和、缓慢。根据教学的需要可运用不同的口令。

1．常用口令

这种口令是一个动作一个呼号，如《初级长拳第一路》每段八个动作，口令的呼号是：1○，2○，3○，4○……（口令1为第一动，1后面的○为休止号），即口令不要拉长，节拍基本相等。

2．间有分解动作的口令

如在动作口令中间，第三个动作需要分成四个小节，这种口令的呼号就变成：1○，2○，到第三个动作时，应呼成3①，②○，③○，④○（圈内的呼号是分节动作口令）。

3．提示性的口令

一种是先提示再喊口令：提示的内容一般是动作名称，如《初级长拳第一路》中“马步双劈拳——1○”“拗弓步冲拳——2○”，前面的动作名称是预令，后面的呼号是动令，预令应有拖音。另一种是先喊口令再提示：提示的内容一般是动作要求或容易出现的错误，如《初级长拳第一路》中弓步冲拳接弹腿冲拳动作“1○——（弓步）后腿蹬直”“2○——（弹腿）力达脚尖”，前面的呼号是动令，后面为提示内容。

4．综合性口令

根据教学任务的需要，在指挥学生练习时，可综合运用各种口令。如果需要培养学生动作规格时，用常用口令；培养学生动作节奏感时，用快慢相间的节拍呼令；帮助学生熟练动作或提示动作方向、速度时，可运用提示性口令。还可以只提示，不呼口令，如走、快、停、转、跳等。

四、预防与纠正错误法

学生在学习和掌握动作的过程中会出现各种错误，教师应及时地发现错误并提出纠正错误的办法。一般应注意以下几点：

（一）由于学生接受能力和协调性差而出现错误时，教师应耐心地采用分解动作、慢速示范、多领做等方法进行纠正。

（二）由于肌肉本体感觉差不能控制动作而出现错误时，教师可以强调规格与要求，用站桩式的练习、助力与阻力和定向直观法来帮助纠正。

（三）由于身体素质差而不能完成动作时，教师不能因急躁而挫伤学生的学习情绪，应采用相应的措施，如降低动作难度，使学生逐步地完成动作。

（四）由于心理原因而做不好动作时，教师应做好思想工作，并采用一定的保护与帮助，逐步加大难度，让学生克服畏难情绪，逐步克服动作中的错误。

（五）由于不理解动作性质和作用而出现错误时，教师可根据动作的性质，讲解动作的攻防含义来诱导与启发，帮助纠正。

纠正错误的动作时，教师要善于抓住共性错误，组织学生集体会诊，启发学生分析错误的因果关系，以点带面地解决普遍存在的问题。

五、练习法

在教学中，采用练习法可以迅速、正确地掌握动作。教师根据一定的教学任务，有针对性地选择练习法，通过学生亲身实践，逐步消除错误动作，巩固提高所学的知识与技能，形成正确的动力定型，对完成教学任务具有重要意义。武术教学常用的练习法有重复练习法、变换练习法和综合练习法。

（一）重复练习法

重复练习法是指在武术教学过程中，将单个动作、组合动作、分段动作、整套动作重复练习的方法。重复练习要有明确的目的，练习时要向学生提出具体而切合实际的要求，要根据学生的特点、教学的不同阶段以及动作的难易程度，科学地安排练习的次数、强度和间隔的时间，要注意及时预防和纠正错误动作。

（二）变换练习法

变换练习法是指在变换的条件下进行的练习方法。根据教学任务的需要，变换运动负荷、环境、场地、器材等，如放慢动作速度、降低运动负荷，或者采用相应的辅助练习等。变换练习应选择安排好变换的条件和运动负荷。在动作学习、改进和提高技术时，对变换的内容应作出明确的规定，使练习效果符合教学的要求。

（三）综合练习法

综合练习法是指综合运用某些练习法的特点而组成的练习方法。应根据教学任务的需要，注意使练习手段、练习量和强度、练习间隙及练习程序的安排，符合教学要求。综合练习没有固定的练习形式，它的作用是多方面的，对于掌握、巩固技术动作和提高身体素质，均有较好的作用。

练习法常用以下组织练习的形式来实施，一般采用个人练习、分组练习和集体练习。

个人练习

个人练习是培养学生独立进行演练能力的一种方法。它有利于因人施教和纠正个别错误，同时还能培养学生独立体会刚学过的教学内容的能力。在进行基本功、基本动作和套路练习时，也可以采用个人轮流练习法互相观摩，互相学习，取长补短。

分组练习

分组练习是将学生分成若干小组，教师提出具体要求，由教师或学生骨干组织练习的一种形式。它可以节省时间，保证练习数量与质量，提高运动负荷，使学生互相观摩学习，培养团结互助的精神。教师应统揽全局，抓住共性，督促各组完成练习任务。

集体练习

集体练习是在教师的统一组织下，指挥学生统一进行练习的一种形式。它要求教师注意观察学生练习中出现的错误，及时地进行示范与讲解。集体练习要求统一指挥，统一行动，有令则行，无令则止。集体练习有利于培养学生顽强的意志品质和集体主义精神。

在教学中，教师应根据教学任务提出的要求，采用不同的练习形式进行教学，使课堂形式多样，生动活泼。

六、比赛法

在教学的不同阶段，根据教学任务和要求，以及学生的实际情况，可以制定出教学比赛的标准与要求，采用个人比赛、分组集体比赛、分组推选代表比赛等形式。这种教学比赛，可由教师评分，或者学生评分与教师评分相结合来评定成绩。学生在这种具有“竞争”因素、心理紧张的情况下去完成动作，能最大限度地表现出机体的机能，有效地发展身体素质，提高套路的演练水平和比赛的适应能力。

第四节　教案的制定

教案是教师根据学校教学工作计划及学期教学进度，并结合教学实际情况，对一堂课设计的教学方案。课前认真备课，写好教案，是对每一位教师的基本要求。

一、教案的撰写

武术套路教案的内容包括教学任务、教学内容、教学要求、教学组织形式、教学方法、教学步骤、练习时间与次数等方面，这些内容的表达概括起来大致有表格与文字两种形式，一般采用表格式较多。无论采用何种方式编写教案，都应力求简明扼要，做到任务明确，要求具体，教材符合实际，教学重点突出，课的组织严密，教学方法科学，运动负荷、练习密度适当，场地布置、安全措施落实。

（一）制定课的内容与任务

制定课的内容与任务是教学的首要环节，是选择组织教法和安排运动负荷的依据。课的内容与任务要贯穿在整个教学中。因此，在制定课的内容与任务时要注意以下几个方面：

1．要根据教学计划的要求，从实际出发

针对学生的实际情况，应该让大多数学生经过一定努力能够完成，对于部分基础好或较差的学生要注意区别对待，提出不同的要求。

2．课的内容、任务要明确具体

在制定教案时，课的内容、任务要明确、具体，有针对性，要抓住教学中的主要矛盾，突出教学的重点。由于每次课教学的时间是有限的，因此，课的任务不能过多，要求不能太高，要有的放矢。特别要注意内容的选择与教学方法的运用，力求让大多数学生通过努力达到教学要求。

（二）教案各部分的撰写

根据课的内容与任务，在教案中对各部分的练习形式、组织安排、教学手段、练习时间和次数、运动负荷预计、场地器械等，都要作出周密的安排。

1．开始部分

在开始上课时，一般应由班长（或体育委员）整理队伍、报告人数、记录考勤、师生问好、行抱拳礼，然后宣布上课，并由教师宣布本课内容与任务，提出上课的要求。

2．准备部分

课的准备部分主要任务是：组织学生集中注意力，并进行身体各部位练习，为进入基本部分做好思想与身体方面的准备。准备部分中常用活动内容可以只写动作名称、学生的组织形式，而新出现的教学内容或比较复杂的教材，则应写出教法、要领与要求。

3．基本部分

基本部分是教学课的主要部分。教材内容的名称、要领，教学要求，教学方法与步骤，易犯错误及纠正办法，练习次数、时间，以及学生的组织形式，练习方法等都要求以文字与图示详细说明。在编写基本部分教案时，应注意把教学与练习有机地结合起来，把分解教学与完整教学结合起来，把重点、难点与保护帮助结合起来，把教师的主导作用与学生主体积极性的发挥结合起来，充分贯彻武术套路教学的原则与特点，使整个课堂既严肃认真，又生动活泼。

4．结束部分

结束部分主要任务是放松活动与课堂小结。放松活动一般选用轻、柔、缓、慢的练习内容或学生之间相互按摩放松。可以简明扼要地写出动作名称与组织学生的方法。课堂小结是教师及时将本课教学任务完成情况、学生的优缺点、重要经验与教训进行总结，并填入记录栏内，为教学工作积累资料，进行总结研究。

二、教案示例——表格式教案（45分钟案例）

武术套路教案示例如表2—4—1所示。

表2—4—1 武术套路教案示例

班级________ 学生人数________ 日期__________ 任课教师________

课的任务	1．复习初级剑术第一段，提高动作规格和演练水平 2．初步掌握初级剑术第二段（1～4动） 3．通过发展学生综合素质，培养学生克服困难、勇于拼搏、团结协作的良好品质			
部分	时间（分钟）	教学内容	组织与教法	练习次数
开始部分	3	一、班长（或体育委员）整队，向教师报告出席人数 二、师生问好（行抱拳礼） 三、宣布本课任务，提出要求 四、安置见习生，整理服装	组织：成四列横队（图一） 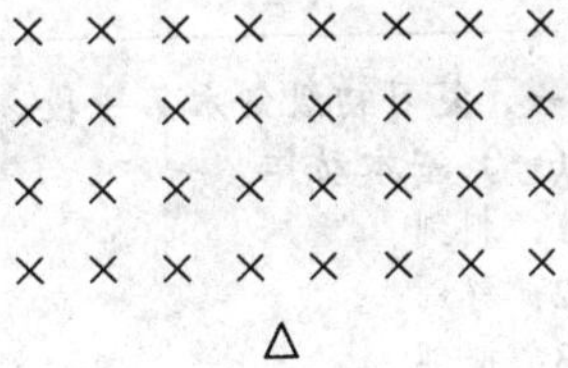 图一 要求： 1．整队快、静、齐 2．精神饱满，注意力集中 3．见习生认真观摩，进行适当活动 4．遵守纪律，注意安全	
准备部分	2	一、慢跑	组织：由四列变为圆形，绕场跑，间隔1米（图二） 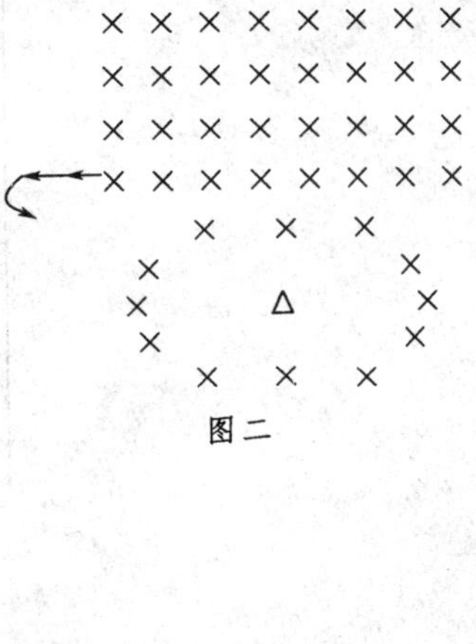 图二	5圈

续表

准 备 部 分	5	二、专项身体活动 1．双臂交叉绕环 2．前俯腰 3．原地正压腿 4．涮腰 5．弓步压腿 6．仆步压腿 7．跳跃运动	组织：四列横队（图三） × △ 图三 教法： 1．教师示范 2．教师领做 3．口令提示，按节拍进行 要求：动作整齐，精神饱满，用力适度，充分做好准备活动	各 3×8 拍
基 本 部 分	5	一、复习初级剑术第一段 （一）基本动作 1．刺剑 2．劈剑 3．撩剑	组织：成四列横队（同图三） 教法： 1．教师复述动作要领并示范 2．学生听口令集体练习 3．纠正错误动作 要求： 1．动作路线清楚，力点准确，把活腕灵 2．动作舒展，眼随手动	各 2×8 拍
	6	（二）复习剑术第一段 预备姿势—弓步直刺—回身后劈—弓步平抹—弓步左撩—提膝平斩—回身下刺—挂剑直刺—虚步架剑	组织：成四列横队（同图三） 教法： 1．教师对全段讲解示范，使学生重温正确的动作概念 2．集体复习 3．分两组轮换练习，练习时两组同学"一对一"互相观摩，并指出对方错误动作，培养学生分析动作、解决问题的能力 4．分组练习后教师请一名学生全段完整练习一次，并指出其优缺点 5．按口令集体练习 要求：动作规范，力点准确，方法清楚，身械配合协调	1/4×6

续表

基本部分	15	二、学习初级剑术第二段(1~4动) 1. 虚步平劈 要点:劈剑力达剑刃前部,左手剑与臂成一直线 难点:转身时,下肢动作虚实变换不清 易犯错误:劈剑时手腕松软,成点剑动作 2. 弓步下劈 要点:绕剑与劈剑动作连贯,剑尖高与膝平 难点:双臂的配合及上、下肢协调完成动作 易犯错误:绕剑与劈剑路线、方法混淆 3. 带剑前点 要点:点剑腕部用力,力达剑尖 难点:跃步与点剑协调配合,同时完成动作 易犯错误:持剑手腕僵硬,成劈剑动作 4. 提膝下截 要点:腕部灵活用力,力点达剑刃前部 难点:剑从画弧至下截为一完整过程,必须连贯完成,站立稳定 易犯错误:剑画弧未以腕为轴心,腕部僵硬	组织:成四列横队(同图三) 教法: 1. 完整示范—分解教学—完整教学 2. 教师带领学生练习 3. 学生个人练习 4. 学生听口令集体练习 5. 教师巡视纠正动作 6. 教师对动作进行讲评 要求:虚步动作大腿尽量蹲平,挺胸,立腰,劈剑力点准确 教法:同上 要求:眼随手动,身械配合协调,用力顺达 教法:同上 要求:丁步右腿大腿尽量蹲平,两腿并拢,上身稍前倾,挺胸,立腰 教法:同上 要求:右臂与剑身成一直线,剑身斜平,左膝尽量提高。挺胸,身体向前探倾	
	4	三、综合素质(接力比赛) 1. 两组分别由一位同学在图四中的①点完成:左右拍脚(10次),左右轮拍(10次) 2. 蛙跳至②点 3. 在②点完成双腿屈膝跳(10次) 4. 冲刺返回与下一位同学拍掌轮换	组织:(图四) 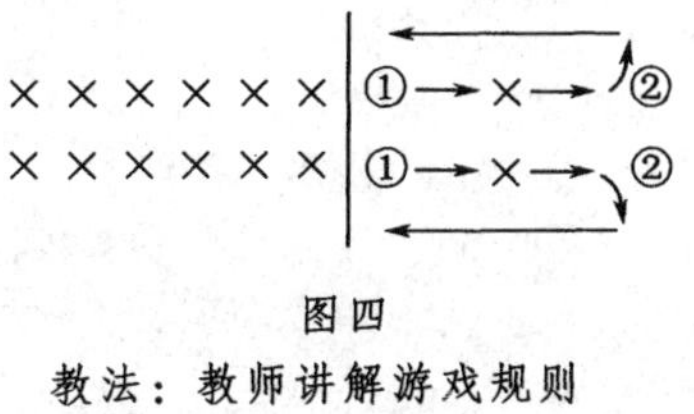 图四 教法:教师讲解游戏规则 要求:快速、高质量完成动作,克服困难,勇于拼搏,为集体争夺荣誉	1组

续表

结束部分	5	一、整理放松（调整气息） 1．臂上举，深吸气，臂放下，呼气 2．下蹲，双手抱膝，低头，目微闭合 意念："放松入静，心情愉快" 二、课堂小结 1．课的任务完成情况 2．课的组织纪律与学习态度 三、布置课外作业 四、值日生收器械 五、师生道别	组织：成四列横队（同图三） 教法： 1．教师领做放松动作 2．教师口令和语言提示 组织：成四列横队（同图一） 小结：提出表扬，指出不足之处 作业： 1．复习初级剑术第二段（1～4动） 2．看书预习初级剑术第二段（5～8动） 要求：行抱拳礼	
	课前准备	1．准备教案 2．器材：剑 30 把		

（作者：陈青山　高楚兰）

第三章

散打教学

散打教学和其他体育项目教学一样，既有体育的特点又有教学的性质。因此，散打教学必须以教育学和体育理论为指导，遵循运动技能的形成规律和人体机能活动变化的规律。散打教学除具有体育教学的共性特点，即有目的、有计划地向学生传授各种技术技能，使学生通过身体的反复练习，并与思维活动相结合，掌握这些技能外，在教学实践中还逐渐形成了自己的教学特点、适合本项目特点的教学阶段与步骤及独特的教学方法与手段等。

第一节 散打教学的基本特点

一、了解散打教学的基本特点

散打是一项激烈的对抗性运动，只有了解散打教学的基本特点，遵循散打教学的独特规律，才能不断提高教学质量。

（一）以德为本，贯穿始终

武德是从事武术活动的人在社会活动中所应具有的道德品质和行为准则。“未曾学艺先学礼，未曾习武先习德”。散打教学不仅是增进健康、培养一定格斗技能的过程，而且是陶冶情操、培养高尚道德品质的有效手段。教师首先对自己的言行要严格要求，不仅要有高尚的武德和精湛的业务能力，而且在教学中更要善于了解学生的心理活动，有针对性地进行武德教育，不断地培养学生良好的道德品质。尤其在当前改革开放和社会主义市场经济条件下，武德教育应紧密结合当前社会主义精神文明建设，赋予它以鲜明的时代特征，寓武德教育于社会规范中，使学生进一步明确学习的目的和意义。通过练武习德不断培养学生尊师重教、讲礼守信、见义勇为等良好的心理素质和高尚的道德情操；

教育学生以弘扬民族文化、发扬民族传统体育项目为己任，为提高全民族的素质而努力学习。

（二）动作规范，注重实用

散打技法丰富，在实战中更是变化多端。但是无论多么复杂的动作，都是由最基本的技术动作组成的。散打技术是克敌制胜的有效方法，也是实战经验的总结。因此，在学习散打技术时要注重动作的规范性，严格动作运行路线、技术要领、发劲特点、着力部位等，做到路线明、方法清、力点准、发劲顺，一丝不苟。对错误动作和方法一定要不厌其烦地进行纠正，尤其对于初学者更要严格动作规范，否则一旦形成错误的动力定型就很难纠正。

“对抗搏击”是散打的本质特征。为此，教师在教学过程中必须从对抗性的特点出发，不仅注重动作的外在表现，而且要注重动作的实用性，使学生明确每一个技术动作在实战中的应用价值。在教学中，必须紧紧围绕实战的变化规律和特点进行教学，避免技术练习与实战运用脱节；学生练习时要引导他们仔细体会每一个技术动作在实战中的不同用法，以提高动作的实效性为主要目的。总之，强调实战的运用效果是检验动作规范的惟一依据，也是要求技术规范的最终目标。

（三）循序渐进，区别对待

任何技术动作都是由初练到娴熟，由娴熟到精巧、到运用自如，都有一个逐步适应的过程。学习散打技术同样要遵循运动技能的形成规律，循序渐进地进行学习。学习时要从最基本的拳法、腿法、摔法学起，从单个技术到组合技术，从简到繁，从条件实战到实战，循序渐进，一步一个脚印，切不可操之过急。对于不同的个体，其身体状况、接受能力以及生理和心理特点等不尽相同，因此，在散打教学中既要根据学生的平均水平制定相应的教学计划和目标，又要考虑到个体的差异性，针对不同的对象采用相应的教学方法，区别对待，以充分发挥学生的自身条件，形成自己独特的技术风格。另外，即便是同一学生在学习的不同阶段，在心理等方面也不尽相同。所有这些都要求教师根据教学对象的具体情况区别对待，有针对性地采用教学方法和练习形式。

（四）以点带面，触类旁通

“不怕千招会，最怕一招熟”，这是武术技击中的一句谚语。意思是：学习技术不要只求多，更要求精，要有自己的最熟练、最独特的“一绝”，才能给对手一种威胁，一种震撼。虽然散打的技术内容相当丰富，不同的技术方法在实战中有着不同的表现形式和功能，但在实战搏击中，如培养练习者的进攻、防守及反击的战术意识和应变能力，提高对时机、空间和距离的把握能力，培养克敌制胜的智力和心理品质等方面却是相同的。通过一些简单实用的方法进行练习和实战，不仅可以使练习者提高兴趣、集中注意力、降低心理压力，而且有利于重点技术的熟练和提高，有利于战术意识的形成，进而减少或避免伤害事故。随着教学进度的不断深入，学习者在实战中运用技、战术的能力不断提高以后，再逐渐丰富攻防技术方法，以期达到全面掌握散打中踢、打、摔的技术内容。

“以点带面，触类旁通”的教学特点，其核心是在教学的初级阶段要抓基本、抓重点、抓规律、抓共性，举一反三，一通百通。切勿一开始就面面俱到，贪多求快反而没了核心，没了重点。待学习者基础牢了，深度有了，再从广度和数量上发展。

（五）双人配合，贵在和谐

散打是两人的对抗性项目，双人的配合练习是提高散打技、战术的有效途径，也是重要的练习形式之一。双人配合练习的形式多样，有攻防技术练习、打靶练习、喂招练习、条件实战等等，配合练习要注意根据课的目的任务以及技、战术的具体要求有计划地安排。

尤其值得注意的是，散打是以克敌制胜为主要目标，攻、防矛盾是散打的主要矛盾。因此，如何提高对方在进攻和防守中对技、战术的运用和应变能力是双人配合练习的主要意图。在平时的练习中，一定要教育学生树立“为对方服务”的良好品质，从对方的实际水平出发，无论是动作的速度、力度，还是动作变化的难易程度，都要以对方的最佳适应性为度，否则是难以收到最佳练习效果的。

二、散打教学的注意事项

由于散打是运用踢、打、摔的方法全方位进行攻击的激烈对抗性项目，运动损伤时有发生。因此，尽量减少和杜绝伤害事故是散打教学课中的主要任务之一。教师要经常对学生进行安全教育，要严格课堂常规，要求学生严守课堂纪律。在练习时使学生明确练习的目的和任务、方法和要求。无论是教学的组织还是采用的练习形式和方法，都要落实安全措施，如认真检查场地器材；充分做好准备活动；在双人配合练习时，严格按照老师的要求进行，杜绝“求胜”和“怕吃亏”的心态；在条件实战或实战时，要合理安排配对的对手等等。

第二节　散打教学的阶段与步骤

一、散打教学阶段的划分

教学过程是学生在教师的组织和指导下，通过教学活动掌握知识、技术和技能的过程。由于散打的激烈对抗性，决定了散打教学必须从实战出发，使初学者在反复实践中掌握和提高技能。散打教学可分为三个阶段：

（一）初步建型阶段（泛化阶段）

这一阶段的主要任务是使学生对动作有初步的了解，取得感性认识，粗略地掌握动作。对一项新的技术内容，通过教师的示范、讲解等，先形成一个粗略的概念，并在教师的指导下进行练习，初步形成有关动作的表象。

在这一阶段，学生大脑皮层的联系处于泛化阶段，学生尚未形成完整的动力定型，动作表现紧张不协调，容易出现多余动作等。因此，教师在教学过程中不应过多地强调动作细节，应抓住动作的主要环节和学生在掌握动作中出现的主要问题进行教学。讲解要简练，示范要正确，要从不同部位、不同方向，让学生看清动作的起止路线、动作力点、击打部位等，达到初步掌握动作的目的。

（二）配合运用阶段（分化阶段）

这一阶段的教学主要是使学生巩固正确的动作，提高动作的协调性和质量，并在教师的指导下，通过二人在有一定条件的限制下进行配合练习，不断提高对技术动作的运用能力，包括对时机、距离、空间的判断能力、应变能力等，逐步培养进攻、防守和反击的实战意识。

在不断的练习过程中，初学者对运动技能的内在规律有了初步的了解，一些不协调和多余的动作也逐渐消除。这时大脑皮层的条件联系由泛化进入了分化阶段，大部分错误动作得到纠正，能比较顺利地、连贯地完成动作，初步建立了正确的动作定型。但定型尚不巩固，遇到新异刺激，多余动作和错误动作可能重新出现。因此，教师在教学中应抓住学生存在的主要问题，反复强调，反复练习。对错误动作的纠正，可采用对照和综合分析的方法，帮助学生体会动作细节，促进分化抑制的进一步发展，使动作日趋准确，并结合技术分析，提高对动作技术的理性认识。

（三）实战提高阶段（巩固和自动化阶段）

通过进一步的反复练习，已经建立的条件反射不断巩固，建立了良好的动力定型，大脑皮层的兴奋和抑制在时间和空间上更加集中和精确。此时不仅动作准确、熟练，有较好的协调性、连贯性，而且随着运动技能的巩固和发展，暂时联系达到非常巩固的程度后，动作可出现自动化现象。这对于散打技能的提高是非常重要的。赛场是瞬息万变的，动作的自动化可使第二信号系统的活动摆脱第一信号系统的束缚，专注于战略、战术的变化，及时捕捉战机。

这一阶段主要是通过各种条件实战和实战的形式，进一步提高动作的稳定性和自动化程度，提高动作运用的实效性，以培养学生在各种条件下运用动作的应变能力。在教学中教师可根据不同的教学意图和目的，有针对性地采用不同的个体配对实战，如按不同的体重级别、不同的技术状况进行配对，使学生尽快熟练技术并不断提高质量。

值得注意的是，在动力定型达到一定程度后，仍要继续强化练习，使动力定型更加巩固，否则巩固了的动力定型还会消退。在此过程中，教师应对学生提出更高层次的要求，加深理性认识，对动作要精益求精。

在散打教学中，运动技能的形成过程并不是截然分开的，而是逐渐过渡的，各过程的出现和持续时间的长短，受许多因素的影响，既与教学方法、训练水平有关，又与学生学习的积极性和目的性有密切关系。教师要善于在学生掌握动作和形成技能的不同阶段，选择并采取有针对性的教法和练习手段，促使运动技能尽早形成。

二、散打教学的步骤

（一）学会动作

学生首先在教师的指导下初步学会动作，对动作的运行路线、发力顺序、击打力点等有一个感性认识。这时学生的条件反射刚刚建立，尚不巩固，教师在教学中不要过多强调动作细节，要抓住技术的关键，多运用示范讲解等方法帮助学生对技术动作有一个初步体会。

（二）强化体会技术及用力技巧

在初步掌握动作之后，教师要引导学生认真体会动作要领和用力技巧，消除多余动作，帮助学生不断改进动作细节，尽量避免动作的预兆，使动作做得更加协调、完整和准确，并通过反复练习，不断强调攻防意识，强化条件反射。

（三）配合运用

在初步建立正确的动力定型之后，为了达到进一步强化和巩固的目的，必须有针对性地进行两人配合练习。配合练习，要根据不同的教学阶段和目的提出不同的条件限制，从单个技术到组合技术、从单一战术到复合战术的运用，包括用力的大小、速度的快慢等一定要适度，一定要符合对方的能力和水平，循序渐进。任何过高或过低的条件限制都不会达到最佳的教学效果。

（四）条件实战

在对动作有了一定理解和掌握后，可在一定的条件限制下进行两人的实战练习。条件实战，要根据学生的实际情况和练习的目的选择相应的实战内容。在不同的条件下，培养学生对不同的技术、战术的理解和运用能力，培养对距离、时机、空间的精确感觉和把握能力，培养在散打实战中特有的反应能力和应变能力，进而为完全过渡到实战打下良好的基础。

（五）实战

最后的一步是实战，实战是技术学习的最高阶段，也只有通过实战才能真正检验动作的质量和教学效果。实战可以不断锤炼对技术动作的把握程度和运用能力。在实战中，教师要引导学生学会自我分析和提高总结的能力，找出自己的不足，不断提高自己的实战技能。

主要参考文献：

1.《中国散手》编写组．中国散手．北京：人民体育出版社，1990
2．中国国家体育总局．中国体育教练员岗位培训教材武术（散手）．北京：人民体育出版社，1999

（作者：朱瑞琪、李俊峰）

第四章

武术竞赛的组织

第一节　基层武术套路竞赛的组织

基层武术套路竞赛的组织，是指县、乡、厂矿、学校等单位所举行的武术套路比赛的组织工作。基层武术比赛有其自身的特点，如规模较小、项目类同、形式灵活、方法简便等等。举行基层武术套路比赛不宜完全套用省以上武术套路比赛的模式，应根据基层武术活动的实际情况进行组织。

一、制定竞赛规程

竞赛规程是武术竞赛的基础性文件，制定规程须周密细致。成文以后，最好提前两三个月以上时间发放到各有关单位，而且没有特殊原因不要轻易修改内容，以便各有关单位有充足的时间做好参赛准备。

竞赛规程一般包括如下内容：竞赛名称、目的任务、比赛日期和地点、比赛办法、比赛项目、报名办法、奖励办法、注意事项等。

二、竞赛组织机构

举行武术竞赛活动，须成立武术竞赛委员会。委员会决定竞赛活动的实施组织方案，明确分工任务，指导大会的全盘工作。竞赛委员会一般设以下机构：

（一）竞赛组。指定比赛及各项活动日程，召开裁判员、领队会议，审查报名表，编排秩序册，组织比赛及发奖。

（二）裁判组。组织裁判员学习规则、规程，做好裁判工作。

（三）总务组。负责竞赛场地设备与管理，裁判员、运动员的生活安排以及大会的经费预算等。

（四）宣传组。宣传报道大会情况。

三、裁判人员工作

裁判工作是竞赛大会工作的重要一面，基层武术套路竞赛应聘请有较高裁判级别、经验丰富者担任大会的总裁判长。比赛时，一个场地设裁判长 1 人，裁判员 3~9 人（最少不能低于 3 人），计时、记分员各 1 人。由 A 组裁判员 1~3 人评动作质量分，该类分值为 5；B 组裁判员 1~3 人评演练水平分，该类分值为 5 分；C 组裁判员 1~3 人评其他错误扣分。若两个场地同时进行，则可安排三个裁判组替换上场工作。裁判人员的选派一定要求思想进步、作风正派、大公无私、熟悉规则、了解武术技术、身体健康。为确保裁判工作的质量，必要时也可在赛前组织裁判员试评分，以便从中发现问题及时讲解和指导。

裁判员的评分是根据运动员现场技术发挥的水平，按照各比赛项目的评分标准，在各类分值中减去动作错误的扣分，计算出运动员的应得分。当裁判长发出示分信号时，各裁判员必须同时举起示分牌示分（A、B 组裁判员示的是应得分，C 组裁判员示的是应扣分），计时员报分，记录员记分。若 A 组、B 组、C 组均为 2~3 名裁判员评分，则各组裁判员评分之和的平均值分别为运动员动作质量、演练水平分的应得分及 C 组其他错误的应扣分。若 A、B、C 三组各 1 名裁判员评分，则所示分数可直接当做 A、B 组的应得分和 C 组的应扣分。运动员动作质量与演练水平的应得分之和减去其他错误的扣分，即为运动员的实际应得分。裁判长从运动员的实际应得分中再扣去“裁判长的扣分”，即为运动员的最后得分。最后得分由裁判长举示分牌宣布。

四、裁判人员工作位置

比赛场上，裁判人员的工作位置，可根据情况选择图 4—1—1 中 1~3 的形式作安排。图中“△”表示裁判员，“○”表示计时记分员，“□”表示裁判长。均面向场内。

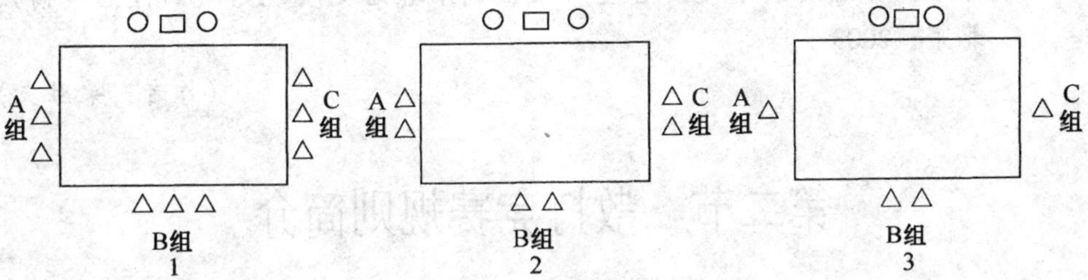

图 4—1—1　裁判人员工作位置

五、编排工作

武术竞赛的编排工作是一项事关比赛能否井然有序进行的细致工作，这项工作必须在赛前完成。

（一）编排前要认真审查各参赛单位的报名表，对参赛男女运动员人数和项目进行准确统计，发现有与规程要求不符的地方，应立即与有关单位联系，及时进行修正。

（二）测算出所有运动项目所需用的竞赛时间。一般地讲，比赛项目中，运动员从上场演练、裁判员评分到下场得到成绩，太极拳约需 7 分钟，其他项目约需 3 分钟。假如所有运动员的参赛项目总共有 180 项，其中太极拳有 30 项，长拳项目有 150 项，那么，30 项 × 7 分钟 + 150 项 × 3 分钟 = 660 分钟，就是竞赛实际所需的时间。

（三）依据大会实际竞赛时间（不包括开幕式和闭幕式）和竞赛实际所需时间制定竞赛日程。假如大会实际竞赛时间是两天，那么，以每天两场，共四场进行安排。每场时间即 660 分钟 ÷ 4 = 165 分钟，即约 2 小时 45 分钟。

（四）当场次确定以后，接着将各项目进行分类编组（男女分开），再将各项目组相对均衡地安排到各场次之中，并将各场中各组的每一名运动员都明确地填写到位。经检查无误后，编排组方可召集各领队（或教练员）进行抽签，决定各场每组运动员的出场顺序。抽签完毕，详细核对后便可打印秩序册。若竞赛规模小，参赛人数少，可直接将编排好的出场顺序写在大纸上张贴出来。

主要参考文献：

1. 全国体育学院教材委员会．体育学院专修通用教材武术（上册）．北京：人民体育出版社，1991

2. 国家体育总局武术运动管理中心. 武术套路竞赛规则（试行打印稿）. 北京：2003

（作者：粟胜夫）

第二节 散打竞赛规则简介

一、竞赛通则简介

（一）竞赛性质与办法

散打竞赛的性质分团体比赛、个人比赛，竞赛办法可采用分级循环赛、单败淘汰赛、双败淘汰赛。

（二）散打比赛的体重级别

分48公斤、52公斤、56公斤、60公斤、65公斤、70公斤、75公斤、80公斤、85公斤、90公斤、90公斤以上级共11个级别。

（三）服装护具

散打比赛时，服装护具分为全护型和点护型两种。全护型运动员应戴拳套、护头、护齿、护胸、护裆、护腿，赤脚穿护脚背。运动员必须穿与比赛护具颜色相同的背心和短裤，护裆必须穿在短裤内。比赛护具颜色为红、黑两种。点护型运动员只戴拳套、护齿和护裆。护裆也必须穿在短裤内。

（四）竞赛局数与时间

每场比赛采用三局两胜制。每局净打2分钟，局间休息1分钟。

（五）场地器材

比赛场地为高60厘米、长800厘米、宽800厘米的木结构的台，台面上铺有软垫，软垫上有帆布盖单。台中心画有直径100厘米的阴阳鱼图（图4—2—1）。台面边缘有5厘米宽的红色边线，台面四边向内90厘米处画有10厘米宽的黄色警戒线。台下四周铺有高20～40厘米、宽200厘米的保护软垫。

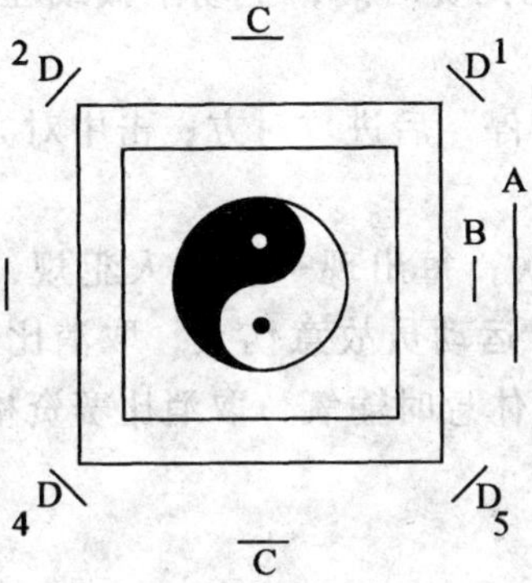

注：A线为总裁判长、副裁判长、宣告员席，B线为裁判长、副裁判长、计时、记录员席，C线为运动员、教练员席，D线中1、2、3、4、5为边裁判员席。

图　4—2—1

二、评判方法简介

（一）攻击方法

不准使用头、肘、膝和反关节的动作进攻对方。不许用迫使对方头部先着地的摔法或有意砸压对方。不许用任何方法攻击倒地者的头部。

（二）禁击部位与得分部位

禁击部位有后脑、颈部、裆部。得分部位有头部、躯干和大腿。

（三）得分标准

得2分：一方下台，另一方得2分。一方倒地，站立者得2分。用腿法击中对方头部、躯干得2分。用主动倒地动作致使对方倒地，而自己顺势站立者，得2分。被强制读秒一次，对方得2分。受警告一次，对方得2分。

得1分：用手法击中对方头部、躯干部位得1分。用腿法击中对方大腿得1分。运动员被指定进攻后8秒钟后仍不进攻，对方得1分。主动倒地超过3秒钟不起立，对方得1分。受劝告一次，对方得1分。先后倒地，后倒地者得1分。用主动倒地的动作致使对方倒地，而自己不能顺势站立者，得1分。

不得分：方法不清楚，效果不明显；双方下台或同时倒地；双方互打互踢；使用方法主动倒地，对方不得分；抱缠时击中对方。

（四）犯规与罚则

技术犯规： 消极搂抱对方；处于不利状况时举手要求暂停；比赛中对裁判

员有不礼貌的行为或不服从裁判；有意拖延比赛时间；上场不戴或吐落护齿、松脱护具；运动员不遵守规定的竞赛礼节。

侵人犯规：在“开始”的口令前或喊“停”后进攻对方；击中对方禁击部位；用不允许的方法击中对方。

罚则：每出现一次技术犯规，劝告一次；每出现一次侵人犯规，警告一次；侵人犯规达3次，取消该场比赛资格；运动员故意伤人，取消比赛资格，所有成绩无效。运动员使用违禁药物，局间休息时输氧，取消比赛资格。

（五）胜负的评定

每局胜利：每局比赛结束时，依据边裁判员的评判结果，按胜方色牌多者为胜方的原则判定每局胜负。若出现平局，则按受警告少者为胜方、劝告少者为胜方、体重轻者为胜方的顺序判定每局的胜负。如上述三种情况仍相同，则为平局。一局比赛中，一方受重击被强制读秒2次，另一方为该局胜方。

每场胜利：一场比赛，先胜两局为该场胜方。若比赛中一方犯规，另一方诈伤，经医务监督确诊后，则判犯规一方为该场胜方；若因对方犯规而受伤，不能再比赛者，则为该场胜方，但不能参加以后的比赛。淘汰赛时，一场比赛中，如获胜局数相同，则按下列顺序决胜负：受警告少者为胜方；受劝告少者为胜方；体重轻者为胜方。若三种情况仍相同，则加赛一局，依次类推。循环赛时，一场比赛中，若获胜局数相同，则为平局。

优势胜利：比赛中，双方实力悬殊，台上裁判员征得裁判长的同意，判技术强者为该场胜方；被重击（侵人犯规除外）倒地不起达10秒钟，或虽能站立但知觉失常，判对方为该场胜方；一场比赛中，被重击强制读秒（侵人犯规除外）达3次，判对方为该场胜方；比赛中，运动员出现伤病，经医生诊断不能继续比赛者，判对方为该场胜方。

说明：散打竞赛规则及其涉及的竞赛组织编排和裁判法，应以当年的规则为准。

主要参考文献：

中国武术协会．武术散打竞赛规则．第2版．北京：人民体育出版社，1998

（作者：蔡仲林、赵　斌）

第五章

武术图解知识

记载武术动作和套路需要图和文字，两者结合起来称为图解。正确地理解及掌握图解知识，有助于自学各种武术动作及武术套路等出版物，对自修能力的培养及技术水平的提高都有着重要的意义。另外，还可以运用图解知识来记载和出版各种技术动作及套路书刊，使其得以流传和推广，为武术的普及与发展起到积极的传播作用。

一、图解基础知识

要想学习和运用图解，首先要理解其基本结构。在图解中包括有图片和文字，图片中包括图和线，文字中包括对动作过程和规格的叙述、要求与要点的说明，以及教法提示等等。

（一）图片结构

在图片中包括有人物及人物操持各种器械的图和线等内容结构。

1．图

是对各个动作的开始姿势、结束姿势以及动作过程中分解动作姿势的外形描绘，包括固定拍摄角度的正面图，背、侧面图（背、侧向镜头的加拍图片，即附图）。

2．线

线，表明动作的起、止点及过程。线一般有实线（图 5—1）和虚线（图 5—2），线的结构包括箭尾（表示动作的起点）、箭头（表示动作的止点）、箭身（表示该分解动作的路线过程）。线的形式是根据每个动作的运行路线所采用的直线、曲线、弧线、螺旋线等等来确定。虚、实线的运用，一般按照左上肢、左下肢与右上肢、右下肢分别用虚线和实线的方法分画，即“左虚右实”。此外，有的图中还采用在步法路线中添加足迹图的方法，主要是对摆、扣、跟、碾等步法的清晰显示，是对运动路线的必要补充。

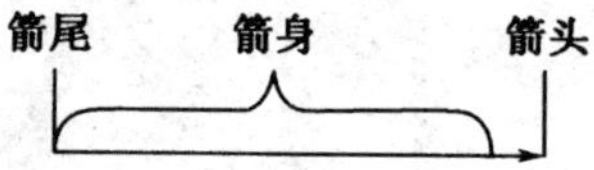

图 5—1

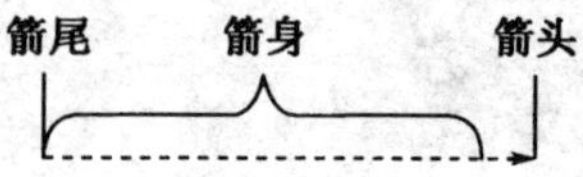

图 5—2

（二）文字结构

在文字结构中，包括对动作顺序的叙述、运动方向的指定、要点的说明、教法的提示、术语的运用以及常用叙述词等各类内容。

1．动作顺序的叙述

是指把各个动作的动作路线、角度、节奏、力点、劲力等按照先后顺序逐一进行说明。

2．运动方向的说明

文字中叙述的前、后、左、右等运动方向，是以该动作前，图片中人的躯干姿势为基准，并且随着躯干姿势及所处位置的变化而变化。图片中胸对的方向为前，背对的方向为后，身体左侧所对的方向为左，身体右侧所对的方向为右，预备姿势时的头顶方向为上，脚踏方向为下，以及相应的左斜前、右斜前、左斜后、右斜后等方位。也有以东、南、西、北、上、下来确定方向的，它是以套路演练的起势时，坐北朝南的固定方向来叙述整个动作的运动方向，并配以东南、东北、西南、西北等相应的方位。另外，还有用乾、坤、离、坎、艮、震、巽、兑的八卦方位来说明运动方向的。

3．常用叙述词

“左（右）或右（左）”，在文字叙述中常出现此类写法，它是指左右均可或左右互换的意思。

“同时”一词是指身体的两个部位以上做动作，它们之间的运动不具有先后顺序，而是同时进行的。如“右脚以全脚掌用力向地面跺踏，同时左手横掌自头上向前下按盖于胸前”，意思是说，震脚和盖掌是同时完成的。

“上动不停”一词的运用，是因为一个连贯完整的动作，由于图解的需要必须分成几个部分，为了不破坏动作的连贯完整性而采用此词，以免在学习动作时造成分割的概念。

“紧接上动”一词，主要是在节奏上两个动作间要连接紧凑，不应该有任何停顿，运用此词可以使读者明了其节奏。

“自”“经”“至”“成”等字的运用，是表述某动作的动作起点、途径过程、到达某方位（或部位）、变换成另一种形态或方法等。例如：“右掌自体右侧向上，经面前摆至左腋前成立掌”等。

4．要点说明

是指对该动作的技术要领，以及需要特别注意之处加以提示，以便阅读时参考。

5．教法提示

为了把动作的教法更准确地表达清楚而加以提示，结合动作的技击含义等加以提示，对做好动作、组合动作和分段动作所采取的必要教学方法加以提示等等。

6．术语的运用

为了使文字解释更加简单精炼，经常运用术语来表述动作，如表述步型的弓步、马步、仆步、虚步、歇步、叉步、并步等；表述步法的上步、撤步、进步、退步、开步、跟步、插步、击步、垫步、弧行步、摆扣步等；表述手法的冲拳、劈拳、砸拳、栽拳、贯掌、架拳、亮掌、摆掌、推掌、托掌、挑掌、插掌等；表述腿法的踢腿、弹腿、踹腿、蹬腿、点腿、铲腿等；以及表述各种器械方法的云剑、抹剑、刺剑、带剑、腕花剑，腕花刀、扎刀、斩刀、缠头刀、裹脑刀，崩枪、拨枪、绞枪、舞花枪、挑枪，戳棍、抡棍、扫棍、提撩棍、舞花棍等等。

二、看图解学习的方法

看图解学习的方法，由于学习者武术基础的不同，所采用的方法要因人而异。不过大致可分为个人自学和多人共学两种形式。

（一）个人自学

个人自学是在无人帮助的情况下进行的，经常会顾此失彼，学习起来比较难，需要有一定武术技术和武术基本理论知识的基础，才能够较顺利地进行。其步骤及方法如下：

1．明了术语

在看图学习前，首先要理解文字叙述中的术语，明确其概念及要求等。

2．边看边做

首先要看身体各部位或器械方法的分解动作和运行路线，然后简单阅读有关动作连接、运行路线、方向等说明。按照顺序边看边做，从而对动作有一个大体的完整概念。

3．由少至多

先逐个动作粗略地学，然后连成组合学，逐步扩展至分段及整套的学习，使之能够初步掌握整套的大体动作和大体的路线方位。

4．由浅入深

掌握了动作轮廓后，再对文字叙述中的动作过程、动作连接、动作方向、动作定位、动作力点、局部形态及精神面貌等做详细具体的阅读，以求较准确地理解及掌握动作，对动作细节进行较准确的体会和练习。

5．深入演练

在较详细地理解和领会了整套动作后，再进一步深入到技术的内涵进行演练。此时要根据教法的提示，并认真地学习领会要点、要求，反复地进行揣摩、练习，一步一步地提高演练水平，使其节奏、劲力、精神、意识等都逐渐得以完善。

（二）多人共学

两人和两人以上的学习方法，比较简单易行，它主要是要求相互间认真配合，以及对各自的分工认真负责，避免相互依赖。其步骤及方法如下：

1．明确分工

一人按教材把文字说明慢速地、清楚而准确地进行宣读，一人按其宣读的顺序进行练习，另一人将所读内容与练习情况进行核对，并帮助练习者进行记忆及提示。

2．交换任务

在练习者初步学会后，把原来的分工相互交换。使之在听觉、视觉、肢体动作上具有初步的感觉及体会。

3．相互交流共同探讨

每个人都较好地掌握套路动作后，再相互交流，改进技术，共同探讨要点、要求、教学、教法。最后进行演练、观摩，使其在劲力、节奏、规格、精神、风格等方面，更加清楚准确。

（作者：何瑞虹）

第六章

套路基本技术

第一节　长　　拳

一、基本动作及方法

（一）手型

1．拳

四指并拢卷握，拇指紧扣食指和中指的第二指节（图 6—1—1）。

要点：拳握紧，拳面平，直腕。

2．掌

四指并拢伸直，拇指弯曲紧扣于虎口处（图 6—1—2）。

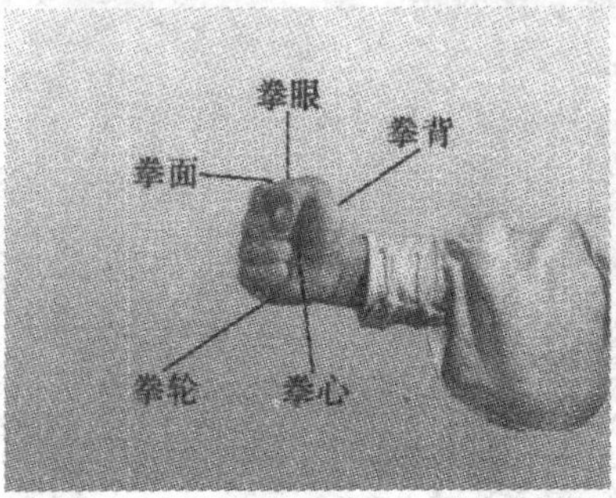

图 6—1—1

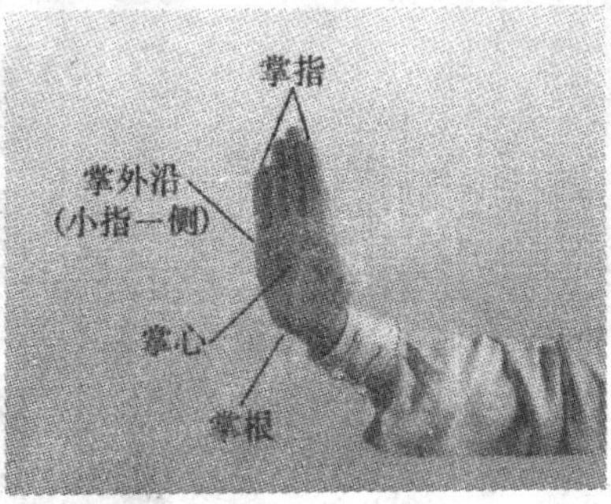

图 6—1—2

3．勾

五指第一指节捏拢在一起，屈腕（图 6—1—3）。

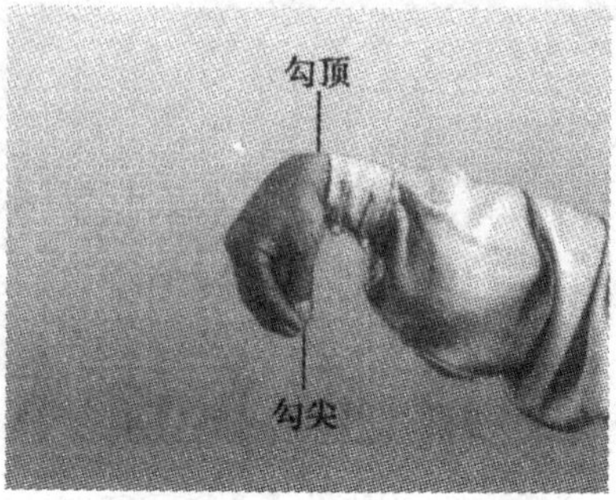

图 6—1—3

（二）步型

1. 弓步

右脚向前一大步（为本人脚长的 4～5 倍），脚尖微内扣，右腿屈膝半蹲（大腿接近水平），膝与脚尖垂直；左腿挺膝伸直，脚尖内扣（斜向前方），两脚全脚着地。上体正对前方，眼向前平视，两手抱拳于腰间，拳心向上。弓右腿为右弓步（图 6—1—4），弓左腿为左弓步。

图 6—1—4

要点：前腿弓，后腿绷；挺胸、塌腰、沉髋；前脚同后脚成一直线。

2. 马步

两脚平行开立（约为本人脚长的 3 倍），脚尖正对前方，屈膝半蹲，膝部不超过脚尖，大腿接近水平，全脚着地，身体重心落于两腿之间。两手抱拳于腰间，拳心向上（图6—1—5）。

要点： 挺胸、塌腰、脚跟外蹬。

3．仆步

两脚左右开立，右腿屈膝全蹲，大腿和小腿靠紧，臀部接近小腿，右脚全脚着地，脚尖和膝关节外展；左腿挺直平仆，脚尖里扣，全脚着地。两手抱拳于腰间，拳心向上。眼向左方平视（图6—1—6）。仆左腿为左仆步，仆右腿为右仆步。

图6—1—5

图6—1—6

要点： 挺胸、塌腰、沉髋。

4．虚步

两脚前后开立，右脚外展45°，屈膝半蹲；左脚脚跟离地，脚面绷平，脚尖稍内扣，虚点地面，膝微屈。重心落在后腿上。两手叉腰，眼向前平视。左脚在前为左虚步（图6—1—7），右脚在前为右虚步。

要点： 挺胸、塌腰、虚实分明。

5．歇步

两腿交叉靠拢全蹲，右（左）脚全脚着地，脚尖外展；左（右）脚前脚掌着地，膝部贴近右（左）脚跟处。两手抱拳于腰间，拳心向上。眼向左前方平视。左脚在前为左歇步，右脚在前为右歇步（图6—1—8）。

要点： 挺胸、塌腰、两腿靠拢并贴紧。

图 6—1—7

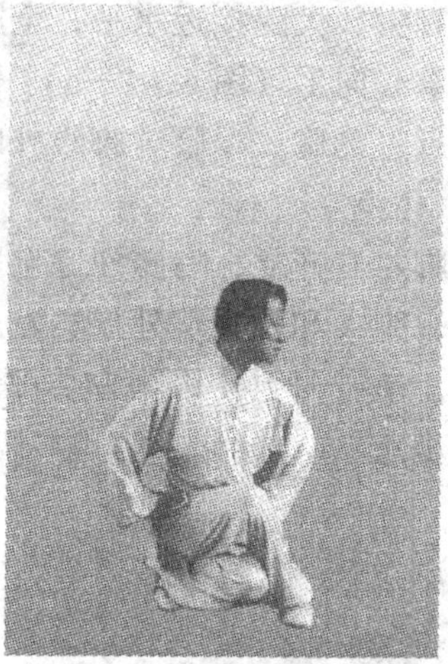

图 6—1—8

（三）手法

1．冲拳

分平拳与立拳两种。平拳拳心向下，立拳拳眼向上。

预备姿势：两脚左右开立，与肩同宽，两拳抱于腰间，拳心向上，肘尖向后（图 6—1—9）。

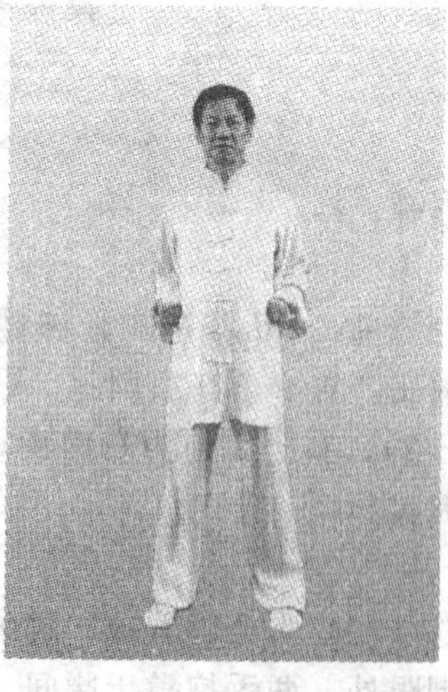

图 6—1—9

动作说明：挺胸、收腹、直腰，右拳从腰间向前猛力冲出，转腰、顺肩，在肘关节过腰后，右前臂内旋，力达拳面，臂要伸直，高与肩平。同时左肘向后牵拉（图6—1—10）。练习时，左右可交替进行。

要点：出拳要快速有力，要有寸劲（即爆发力），做好拧腰、顺肩、急旋前臂的动作。

2．架拳

预备姿势：与冲拳同。

动作说明：右拳向下、向左、向上经头前向右上方画弧架起，拳眼向下，眼看左方（图6—1—11）。练习时，左右可交替进行。

要点：松肩，肘微屈，前臂内旋。

3．推掌

预备姿势：与冲拳同。

动作说明：左拳变掌，前臂内旋，并以掌根为力点向前猛力推出（图6—1—12）。推击时，左右可交替进行。

要点：挺胸、收腹、直腰。出掌要快速有力，有寸劲；同时还要做好拧腰、顺肩、沉腕、翘掌等动作。

图6—1—10

图6—1—11

图6—1—12

（四）步法

1．击步

预备姿势：两脚前后开立，同肩宽。两手叉腰（图 6—1—13）。

动作说明：上体前倾，后脚离地提起，前脚随即蹬地前纵。在空中时，后脚向前碰击前脚（图 6—1—14）。落地时，后脚先落，前脚后落。眼向前平视（图 6—1—15）。

图 6—1—13

图 6—1—14

图 6—1—15

要点：跳起在空中时，要保持上体正直并侧对前方。

2．垫步

预备姿势：与击步同。

动作说明：后脚离地提起，脚掌向前脚处落步，前脚立即以脚掌蹬地向前上提起，将位置让与后脚，然后再屈膝提腿向前落步。眼向前平视（图 6—1—16、17）

要点：与击步同。

3．弧形步

预备姿势：与击步同。

动作说明：两腿略屈，两脚迅速连续向侧前方行步。每步大小略比肩宽，走弧形路线。眼向前平视（图 6—1—18、19）。

要点：挺胸、塌腰，保持半蹲姿势，身体重心移动要平稳，不要有起伏现

图 6—1—16

图 6—1—17

图 6—1—18

图 6—1—19

象。落地时，由脚跟迅速过渡到全脚掌，并注意转腰。

（五）腿法

1. 正踢腿

预备姿势：两脚并步站立，两手立掌或握拳，两臂侧平举（图6—1—20）。

动作说明：左脚向前上半步，左腿支撑，右脚脚尖勾起向前额处猛踢，两

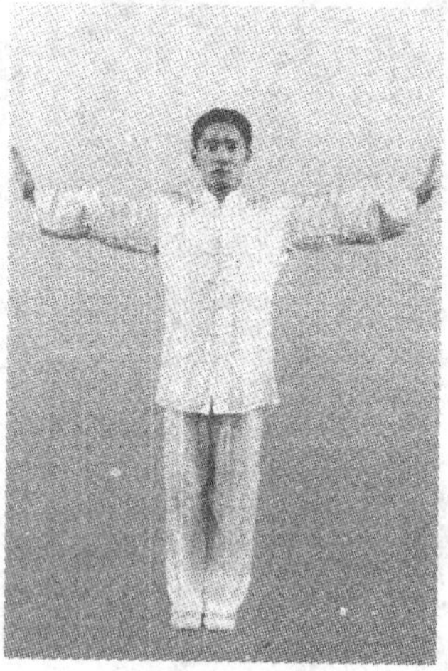

图 6—1—20

图 6—1—21

眼向前平视（图 6—1—21）。练习时左右交替进行。

要点：挺胸、直腰，踢腿时脚尖勾起绷落或勾起勾落。收髋猛收腹，踢腿过腰后加速，要有寸劲。

2．侧踢腿

预备姿势：与正踢腿同。

动作说明：右脚向前上半步，脚尖外展，左脚脚跟稍提起，身体略右转，左臂前伸，右臂后举（图 6—1—22）。随即，左脚脚尖勾紧向左耳侧踢起，同时右臂屈肘上举亮掌，左臂屈肘立掌于右肩前或垂于裆前，眼向前平视（图 6—1—23）。踢左腿为左侧踢，踢右腿为右侧踢。

要点：挺胸、直腰、开髋、侧身、猛收腹。

3．里合腿

预备姿势：与正踢腿同。

动作说明：左脚向左前方上半步，右脚脚尖勾起里扣并向左上方踢起，经面前向左侧上方直腿摆动，落于左脚外侧。左手掌可在左侧上方迎击右脚掌（击响），也可不做击响动作。眼向前平视（图 6—1—24）。练习时，左右腿交替进行。

要点：挺胸、直腰、松髋、合髋。里合幅度要大，成扇形。

4．外摆腿

预备姿势：与正踢腿同。

动作说明：左脚向左前方上半步，右脚脚尖勾紧向左侧上方踢起，经面前向右侧上方摆动，直腿落在左腿旁。右掌可在右侧上方击响，也可不做击响，眼向前平视（图 6—1—25）。练习时左右腿交替进行。

图 6—1—22

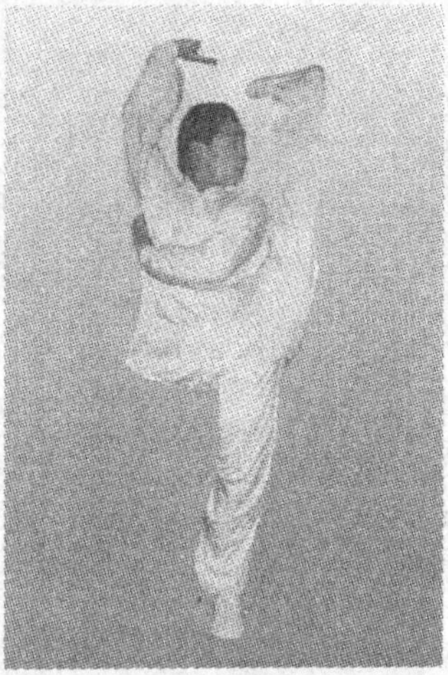

图 6—1—23

图 6—1—24

图 6—1—25

要点：挺胸、塌腰、松髋、展髋。外摆幅度要大，成扇形。

5．弹腿

预备姿势：两脚并立，两手叉腰。

动作说明：左腿屈膝提起，大腿与腰平，左脚绷直（图 6—1—26）。提膝接近水平时，要迅速猛力挺膝，向前平踢（弹击），力达脚尖。大腿与小腿成一直线，高与腰平，右腿伸直或微屈支撑，两眼平视（图 6—1—27）。

图 6—1—26

图 6—1—27

要点：挺胸、直腰、脚面绷直、收髋，弹击要有寸劲（即爆发力）。

6．侧踹腿

预备姿势：两脚并步站立，两手叉腰。

动作说明：两腿左右交叉，右腿在前，稍屈膝（图 6—1—28）。随即右腿伸直支撑，左腿屈膝提起，左脚里扣，脚跟用力向左侧上方踹出，上体向右侧倾，目视左脚（图 6—1—29）。练习时可左右交替进行。

要点：挺膝、开髋、猛踹、脚外侧朝上，力达脚跟。

7．扫腿

扫腿是旋转性的一类腿法，分前、后扫腿两种。

（1）前扫腿

预备姿势：两脚并立，两臂垂于体侧。

动作说明：左脚向右腿后插步，同时两手由下向左、向上、向右做弧行摆掌，右臂伸直，高与肩平，右掌侧立；左掌附于右上臂内侧，掌指向上。头部右转，目视右方（图 6—1—30）。

上体左后转 180°，左臂随体转向左后方平搂至身体左侧，稍高于肩；右臂随体转自然平移至体右侧，掌心朝前，掌指朝右下方（图 6—1—31）。

图 6—1—28

图 6—1—29

图 6—1—30

图 6—1—31

上体继续左转，左脚尖外展。右掌从后向上、向前屈肘降落，同时，左臂屈肘，左掌掌指朝上从右臂内侧向上穿出，变横掌架于头部左上方，拇指一侧向下。随即右掌下降并摆向身后变勾手，勾尖朝上。在左脚尖外展的同时，左腿屈膝，左脚跟抬起，以左脚前掌碾地；右腿平铺，脚尖内扣，脚掌着地，直腿向前扫转一周半（图 6—1—32）。

要点：头部上顶，眼睛随转体平视前方，上体正直。在扫转时，始终保持右仆步姿势，保持身体重心平衡，右膝不要弯曲。

（2）后扫腿

预备姿势：两腿并立，两臂垂于体侧。

动作说明：左脚向前上步，左腿屈膝半蹲；右腿挺膝伸直，成左弓步。同时两掌从两腰侧向前平直推出，掌指朝上，掌心朝前。眼看两掌尖（图6—1—33）。

图 6—1—32

图 6—1—33

左脚尖内扣，左腿屈膝全蹲，成右仆步姿势，同时上体右转并前俯。两掌随身体右转在右腿内侧扶地，右手在前。随着两手撑地与上体向右后拧转的惯性力量，以左脚前掌为轴，右脚贴地向后扫转一周（图 6—1—34、35）。

要点：转体、俯身、撑地用力要连贯紧凑，一气呵成，上下肢动作不要脱节。

（六）跳跃

1. 腾空飞脚

预备姿势：并步站立。

动作说明：右脚上步，左腿向前、向上摆踢，右脚蹬地跃起，身体腾空，两臂由下向前、向头上摆起，右手背迎击左手掌（图 6—1—36、37）。在空中，右腿向前上方弹踢，脚面绷直，右手迎击右脚面；同时左腿屈膝，左脚收控于右腿侧，脚面绷直，脚尖向下。左手在击响的同时摆至左侧上方，上体微前倾，两眼平视前方（图 6—1—38）。

图 6—1—34

图 6—1—35

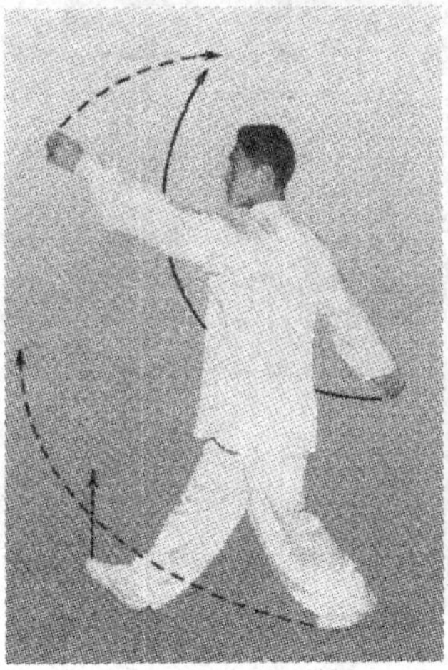

图 6—1—36

图 6—1—37

图 6—1—38

要点：

（1）右腿在空中踢摆时，脚高必须过腰；左腿在击响的一瞬间，屈膝收控于右腿侧。

（2）在腾空的最高点完成击响动作。拍击动作必须连续、准确、响亮。

(3) 在空中，上体正直而微向前倾，不要坐臀。

2．旋风脚

预备姿势：开步站立（图 6—1—39）。

动作说明：

(1) 高虚步亮掌：右臂向前上方弧形摆掌，掌心向斜上方；同时左臂屈肘，左掌收于左腰间，掌心向下，上体微左转。目随右掌（图 6—1—40）。右掌经体前向左、向下、向右、向头上抖腕亮掌，掌心向上，掌指朝左；同时左掌从右臂内穿出，经胸前向上、向左摆至左侧，掌指朝上，高与肩平。左脚在右臂抖腕亮掌的同时收于体前，脚尖虚点地面，成高虚步。头部左转，两眼随右掌抖腕亮掌转视左侧（图 6—1—41）。

图 6—1—39

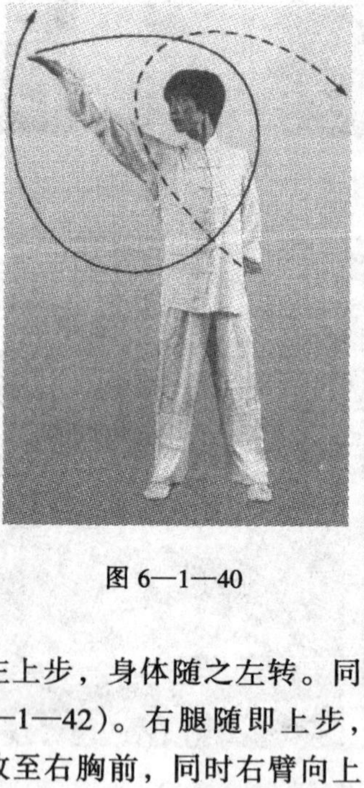

图 6—1—40

图 6—1—41

(2) 旋风脚：左脚向左上步，身体随之左转。同时左手向前推出，右臂伸直向后、向下摆动（图 6—1—42）。右腿随即上步，脚尖内扣，准备蹬地踏跳。左臂向下摆动并屈肘收至右胸前，同时右臂向上、向前抡摆，上体向左旋转前俯（图 6—1—43）。重心右移，右腿屈膝蹬地跳起，左腿提起向左上方摆动，上体向左上方翻转，同时两臂向下、向左上方抡摆。身体向左旋转一周，右腿在空中完成里合腿，左手在面前迎击右脚掌，左腿自然下垂（图 6—1—44、45）。

要点：

(1) 右腿做里合腿时，要贴近身体。摆动时，膝挺直，由外向里成扇形。

（2）击响点要靠近面前。左腿外摆要舒展，并在击响的一刹间离地腾空。初学时，左腿可自然下垂。当能够较熟练地完成腾空动作时，左腿逐步高摆，屈膝或直腿收控于身体左侧。

（3）抡臂、踏跳、转体、里合右腿等环节要协调一致。身体的旋转不少于270°。

图 6—1—42

图 6—1—43

图 6—1—44

图 6—1—45

3．腾空摆莲

预备姿势：并步站立（图 6—1—46）。

动作说明：

（1）高虚步挑掌：右脚后撤一大步，同时右臂向前、向上挑掌，左臂后摆至体后（图6—1—47）。重心后移，左脚回收至身前虚点地面，成高虚步。同时右臂向上、向后、向下、向前绕环一周于身前挑掌，高与肩平，掌指朝上；左臂向前、向上、向后绕环抡摆至身后与肩齐平的部位，掌指上挑。两肩随两臂转动，上体挺胸、直腰、顺肩，两眼随右掌转视前方（图6—1—48、49）。

图6—1—46

图6—1—47

图6—1—48

图6—1—49

(2) 弧形步上跳：左脚向前进半步（图 6—1—50）；右脚随之向前进一大步，脚尖外展，屈膝略蹲。在上右步的同时，右掌弧形回收至腰间，左臂由后经上摆至头前上方（图 6—1—51）。右腿蹬伸上跳，左腿屈膝提起，左脚收扣于身前，身体腾空。右臂在跳起的同时经左臂内侧向上弧行斜上举，左臂顺势摆向身后，两眼随右掌转视左侧，头左转，右肩前顺（图 6—1—52）。右脚落地，左脚随之在身前落步，右脚再进一步，脚尖外展。身体右转，同时右臂顺势下落，左臂前摆（图 6—1—53、54）。

图 6—1—50

图 6—1—51

图 6—1—52

图 6—1—53

图 6—1—54

(3) 腾空摆莲：右脚蹬地跳起，同时左腿向右上方里合踢摆，两手于头上击响，上体向右旋转，身体腾空（图 6—1—55)。右腿外摆，两手先左后右地拍击右脚面，左腿屈膝收控于右腿侧。上体微前倾，两眼随视两手（图 6—1—56)。

图 6—1—55

图 6—1—56

要点：

(1) 上步要成弧形。右脚踏跳时，注意脚尖外展和屈膝微蹲。

(2) 跳起时，左腿注意里合扣踢。

(3) 右腿外摆要成扇形，上体微前倾，要靠近面前击掌。两手先左后右拍击右脚面。击响要准确响亮。

(4) 在击响的一刹间，左腿屈膝收控于右腿内侧，或伸膝外展置于身体左侧。

(5) 在完成动作过程中，要注意起跳、拧腰、转体、里合左腿与外摆右腿等动作紧密协调。

(七) 平衡

1. 提膝平衡

动作说明：右腿直立支撑，左腿屈膝提起（过腰)，脚面绷直，并垂扣于右腿前侧。两眼向左平视（图 6—1—57)。

要点：平衡站稳，提膝过腰，脚内扣。

2．侧身平衡

动作说明：支撑腿直立站稳，上体侧身前俯成水平；另一腿挺膝伸直举于体后，高于水平，脚面绷平或脚尖勾起。双臂分别向前下方和后上方展出（图6—1—58）。

图 6—1—57

图 6—1—58

要点：支撑腿站稳，上体与上举腿之间不要有角度，抬头。

3．燕式平衡

动作说明：左腿屈膝提起，两掌在身前交叉，掌心向外（图 6—1—59）。随即两掌向两侧直臂分开平举，上体前俯，左腿直腿后伸，高于水平，脚面绷平（图6—1—60）。

要点：两腿伸直，后举腿要高于头顶水平部位，抬头。

图 6—1—59

4．扣腿平衡

动作说明：支撑腿屈膝半蹲，另一腿屈膝外展，脚尖绷平或勾起，踝关节紧扣于支撑腿的膝后腘窝处，挺胸塌腰（图6—1—61）。

要点：支撑腿站稳，扣腿的脚要扣住。

图 6—1—60

图 6—1—61

二、基础练习

五步拳

预备姿势：并步抱拳（图 6—1—62）。

弓步冲拳：左脚向左迈出一步成左弓步，同时左手向左平搂并收回腰间抱拳，右拳向前冲拳成平拳。目视前方（图 6—1—63）。

图 6—1—62

图 6—1—63

弹踢冲拳：重心前移，右腿向前弹踢，同时左拳由腰间向前冲拳成平拳，右拳收回腰间（图 6—1—64）。

马步架打：右脚落地向左转体 90°，两腿下蹲成马步。同时左拳变掌，屈臂上架；右拳由腰间向右冲拳成平拳。头部右转。目视右前方（图6—1—65）。

歇步盖打：左脚向右脚后插一步，同时右拳变掌经头上向左下盖，掌外沿向前，身体左转 90°，左掌收回腰间抱拳，拳心向上，目视右手（图 6—1—66）。

图 6—1—64

图 6—1—65

图 6—1—66

上动不停，两腿屈膝下蹲成歇步。同时左拳向前冲出成平拳，右掌变拳收回腰间。目视左拳（图 6—1—67）。

提膝仆步穿掌：两腿起立，身体左转。随即左拳变掌，手心向下；右拳变掌，手心向上，由左手背上穿出。同时左腿提膝，左手顺势收至右肩前。目视右手（图 6—1—68）。左脚落地成仆步，左手掌指朝前沿左腿内侧穿出，目视左掌（图 6—1—69）。

图 6—1—67

虚步挑掌：左腿屈膝前弓，右脚蹬地向前上步，成右虚步。同时左手向上、向后画弧成正勾手，略高于肩；右手由后向下、向前顺右腿外侧向上挑掌，掌指向上，高与肩平，目视前方（图 6—1—70）。

收势：左脚向右脚靠拢，并步抱拳（图 6—1—71）。

继续练习，动作相同，方向相反。

图 6—1—68

图 6—1—69

图 6—1—70

图 6—1—71

主要参考文献：

1. 全国体育学院教材委员会．体育学院普修通用教材　武术．北京：人民体育出版社，1989

2. 全国体育学院教材委员会. 体育学院专修通用教材 武术. 北京：人民体育出版社，1991
3. 戚继光. 纪效新书. 北京：人民体育出版社，1988

（作者：关铁云 摄影：李维国 演示：关铁云、蒲玉滨、刘仁磊）

第二节 太极拳

一、基本动作及方法

（一）手型

太极拳的主要手型为拳、掌、勾三种。

拳

握拳方法同长拳，但拳要虚握，手心略含空。

掌

五指自然分开并微屈，虎口成圆形，掌心微含。陈式太极拳的掌形要求拇指和小指内扣，食指、中指、无名指微向后伸张。

勾

与长拳相同，可参阅长拳。唯须自然，不用力。

（二）步型

太极拳的基本步型与长拳相同，可参阅长拳的要求。唯重心的高低根据练习者的条件和需要因人而宜。

（三）手法

掤

手臂呈弧形，前臂由下向上、向外张架，劲力圆满有张力、有弹性（图6—2—1）。

捋

常以两手一前一后、掌心一下一上相辅助，有随腰旋转向后下方回捋之势（图 6—2—2）。

挤

通常前手手背向外，另一手辅助，手臂呈弧形，向前方挤出，同时腰身有前进中寓后坐之意（图 6—2—3）。

图 6—2—1

图 6—2—2

图 6—2—3

按

两手心向前、向下按，有迎截外力并引为向下之意（图 6—2—4）。

图 6—2—4

（四）步法

进步

由开立步起，两腿微屈，右脚外撇，两手背于身后。左脚经右脚内侧向前迈出，脚跟先着地，重心前移，左脚踏实，成左弓步。重心后移，左脚尖外撇，重心前移，右脚经左脚内侧向前迈出，脚跟先着地，重心前移，成右弓步。重心后移，右脚尖外撇，重心再前移，准备左脚再向前迈（图 6—2—5①～⑮）。可重复若干次。

要点：迈步时由脚跟先着地，随重心前移慢慢过渡到前脚掌着地。

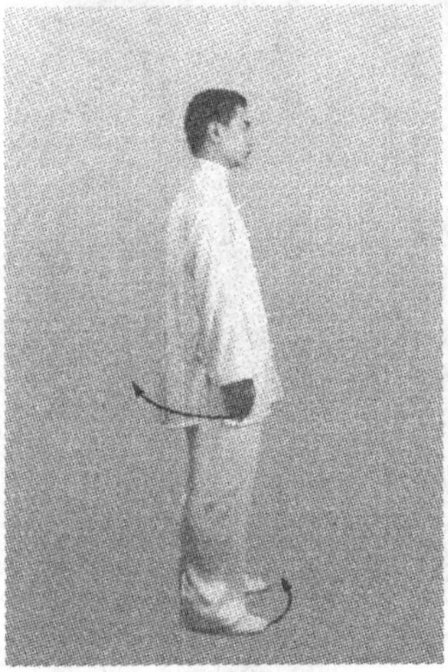

图 6—2—5①

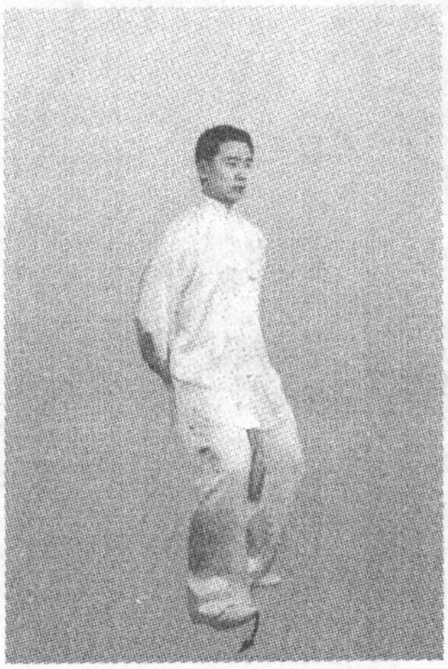

图 6—2—5②

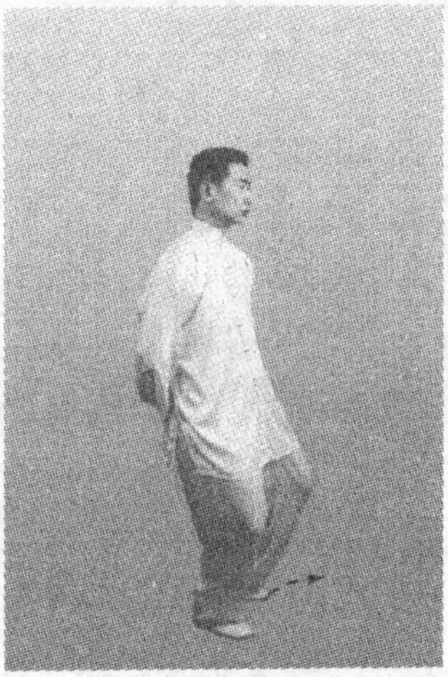

图 6—2—5③

图 6—2—5④

图 6—2—5⑤

图 6—2—5⑥

图 6—2—5⑦

图 6—2—5⑧

图 6—2—5⑨

图 6—2—5⑩

图 6—2—5⑪

图 6—2—5⑫

图 6—2—5⑬

图 6—2—5⑭

图 6—2—5⑮

退步

开立步站立，两手相叠放于丹田处，男子左手在下，女子右手在下。两膝微屈，重心移到左腿，右脚提起经左脚内侧向右后退。由前脚掌先落地，随重心慢慢后移过渡到全脚掌着地，成左虚步。然后左脚提起经右脚内侧向左后退。由前脚掌先落地，随重心慢慢后移过渡到全脚掌着地，成右虚步。再右脚提起经左脚内侧向右后退（图 6—2—6①～⑩）。可重复若干次。

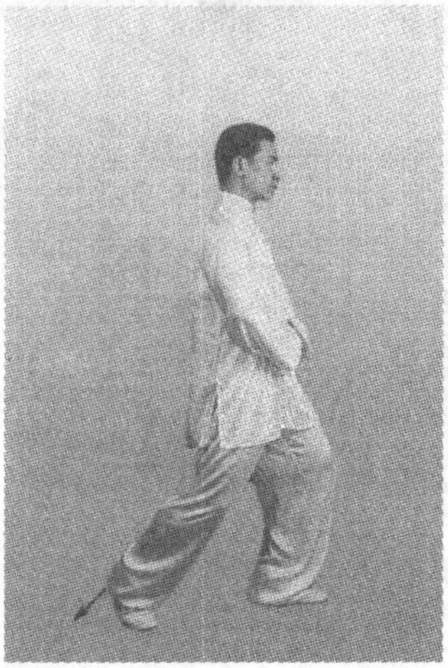

图 6—2—6③

图 6—2—6②

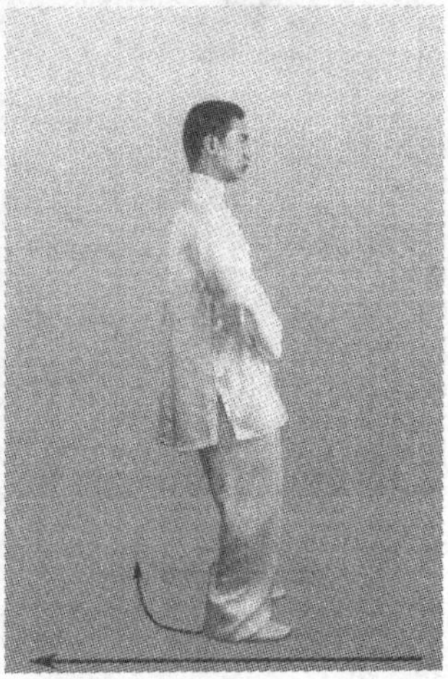

图 6—2—6①

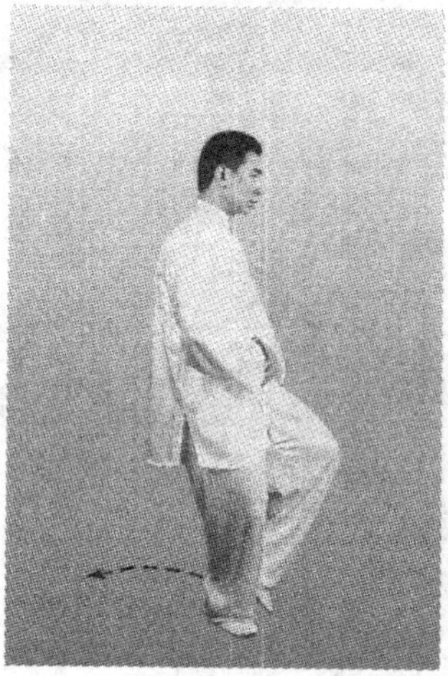

图 6—2—6⑥

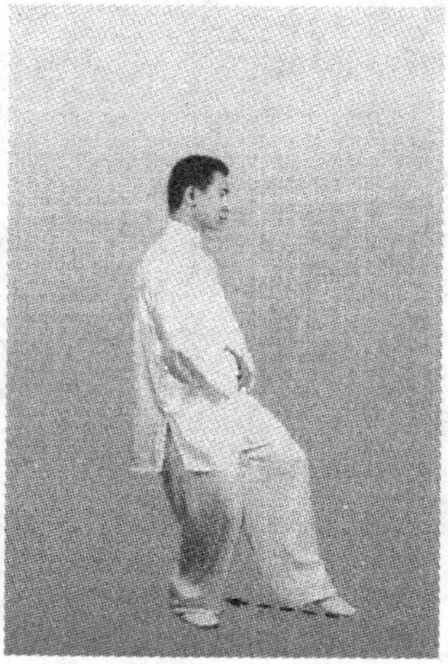

图 6—2—6⑤

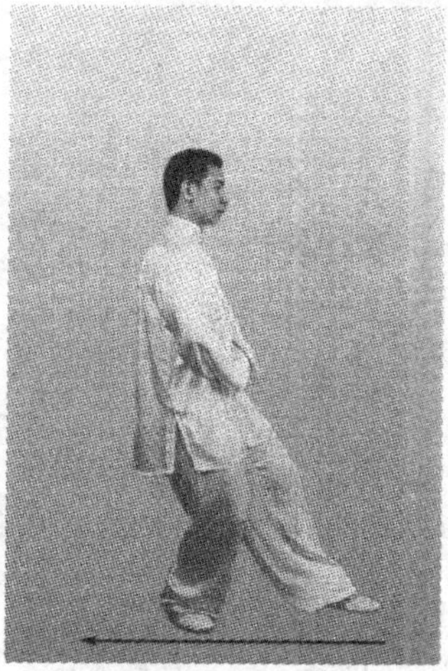

图 6—2—6④

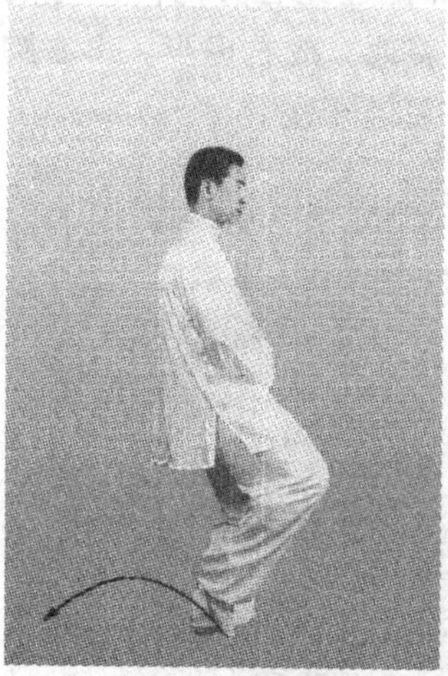

图 6—2—6⑨

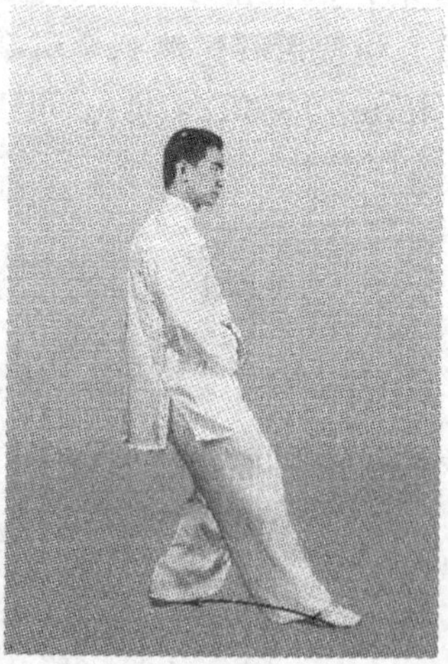

图 6—2—6⑧

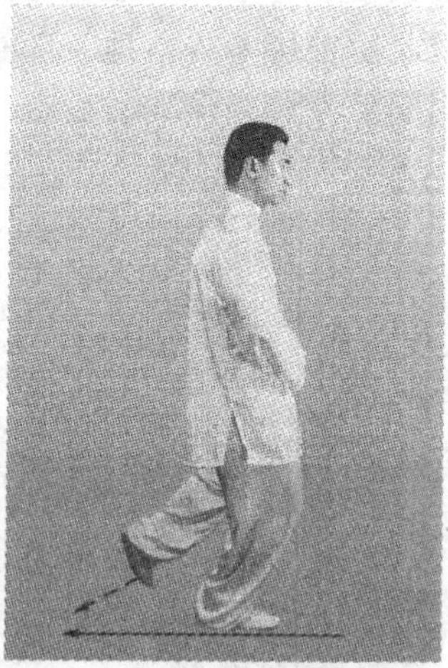

图 6—2—6⑦

图 6—2—6⑩

要点：退步时脚尖略外撇，前脚以前脚掌为轴转正。退步时的运动轨迹不是一条直线，见图 6—2—7 正确的轨迹图。

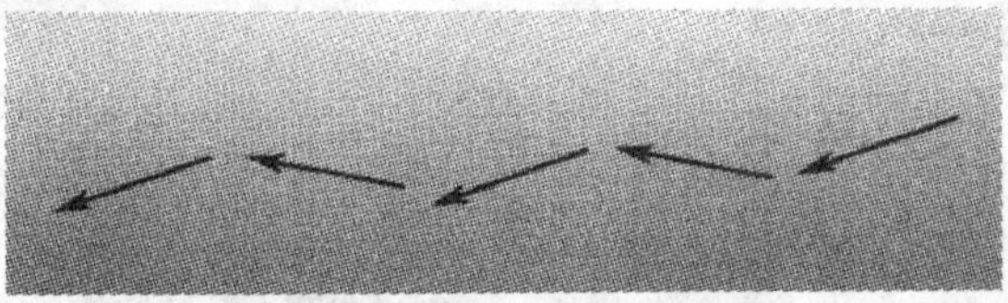

图 6—2—7

横移步

并步站立，两腿微屈，左脚向左横移一步。重心左移，右脚向左脚内侧跟进一步，前脚掌先着地，然后过渡到全脚掌着地；重心换至右脚，左脚向左横移一步。重心再左移，右脚向左脚内侧跟进一步（图 6—2—8①～⑯）。可重复若干次。

要点：两腿先保持一定的微屈状，向侧移步后再移动身体重心。

图 6—2—8①

图 6—2—8②

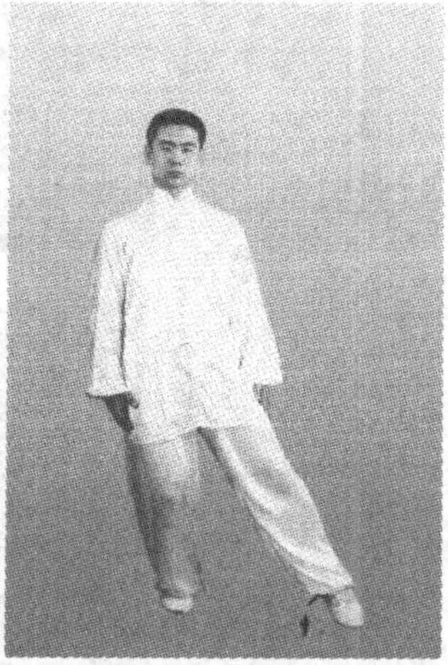

图 6—2—8③

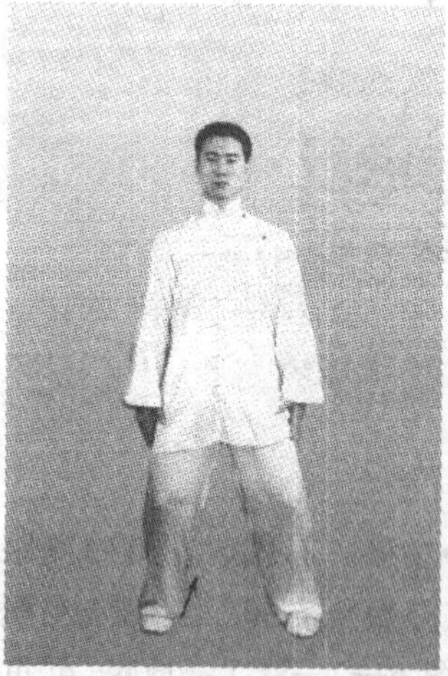

图 6—2—8④

图 6—2—8⑤

图 6—2—8⑥

图 6—2—8⑦

图 6—2—8⑧

图 6—2—8⑨

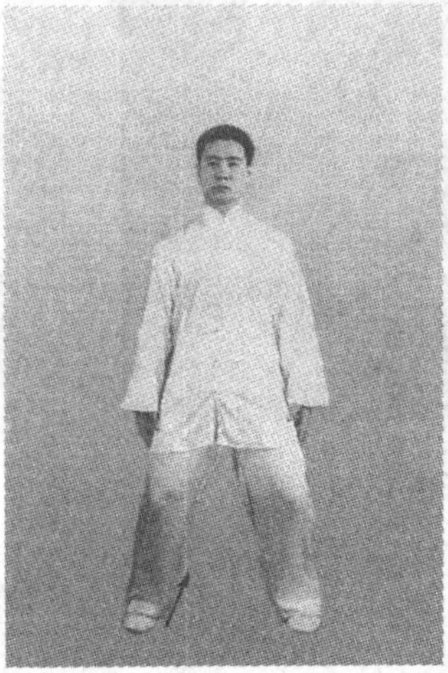

图 6—2—8⑩

图 6—2—8⑪

图 6—2—8⑫

图 6—2—8⑬

图 6—2—8⑭

图 6—2—8⑮

图 6—2—8⑯

（五）腿法

蹬腿

屈伸性腿法。支撑腿微屈，站稳；另一腿屈膝提起，然后小腿上摆，脚尖勾起，脚跟向前蹬出，腿伸直，脚高不过肩（图 6—2—9）。

分腿

基本要求同蹬腿。唯脚面绷直，脚尖向前（图 6—2—10）。

图 6—2—9

图 6—2—10

二、基础练习

(一) 桩功 (五桩)

无极桩

两脚并拢直立，两臂自然下垂，两手轻贴大腿外侧（图 6—2—11）。

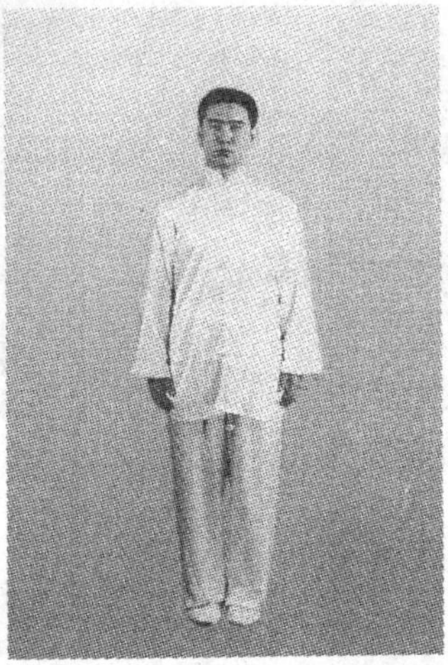

图 6—2—11

要点： 虚领顶劲，颌微收，含胸拔背，沉肩垂肘，精神集中，呼吸自然，眼向前平视。

太极桩

两脚平行站立，与肩同宽，两膝微屈，两手手心向内，在胸前成抱球状(图 6—2—12)。

要点：气沉丹田，腹式呼吸。其他与无极桩相同。

图 6—2—12

开合桩

开步站立。两手在腹前，手心对“丹田”，慢慢向上、向外拉开，如抱一大球状。然后慢慢收回腹前成抱球状(图 6—2—13① ~ ⑦)。可反复数次。

要点：两手始终形成抱球状，向上拉开时配合吸气，向下收回时配合呼气。其他要求同无极桩。

图 6—2—13①

图 6—2—13②

图 6—2—13③

图 6—2—13④

图 6—2—13⑤

图 6—2—13⑥

图 6—2—13⑦

起落桩

开步站立。两手向前上方慢慢平举，手心向下，与肩同高。然后微屈膝下蹲，两肘微屈，同时两手慢慢下按至腹前。再两膝慢慢伸直，两手慢慢向上回举至肩平（图 6—2—14① ~ ⑦）。如此反复数次。

要点：手上提时吸气，微伸手腕；手下按时呼气，垂肘微坐腕。

图 6—2—14①

图 6—2—14②

图 6—2—14③

图 6—2—14④

图 6—2—14⑤

图 6—2—14⑥

图 6—2—14⑦

虚实桩

开步站立。重心慢慢移向右腿，身体微向左转，左脚跟提起，两手向左上方慢慢提起，左脚左前伸，脚跟着地成虚步，两手前后合抱于左前方。然后左脚轻轻收回，重心慢慢移向左腿，身体微向右转，右脚跟提起，两手向右上方慢慢提起，右脚右前伸，脚跟着地成虚步，两手前后合抱于右前方。然后右脚收回（图 6—2—15①～⑩）。可反复数次。

要点：前伸脚轻提轻落，虚实要分清。

图 6—2—15①

图 6—2—15②

图 6—2—15③

图 6—2—15④

图 6—2—15⑤

图 6—2—15⑥

图 6—2—15⑦

图 6—2—15⑧

图 6—2—15⑨

图 6—2—15⑩

（二）组合练习

1．左云手——左单鞭——左手挥琵琶——右云手——右单鞭——右手挥琵琶（图 6—2—16①～⑮）

图 6—2—16①

图 6—2—16②

图 6—2—16③

图 6—2—16④

图 6—2—16⑤

图 6—2—16⑥

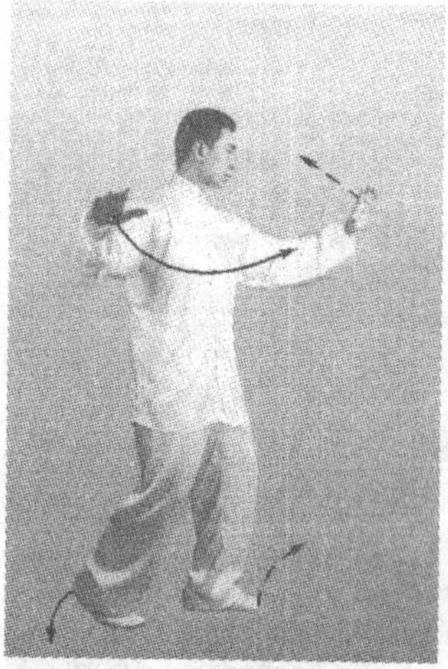

图 6—2—16⑦

图 6—2—16⑧

图 6—2—16⑨

图 6—2—16⑩

图 6—2—16⑪

图 6—2—16⑫

图 6—2—16⑬

图 6—2—16⑭

图 6—2—16⑮

2．左玉女穿梭——右玉女穿梭——左蹬腿——右蹬腿（图 6—2—17①～⑩）。

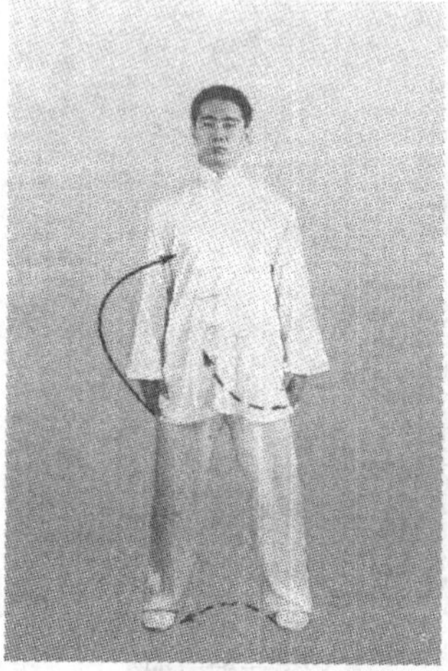

图 6—2—17①

图 6—2—17②

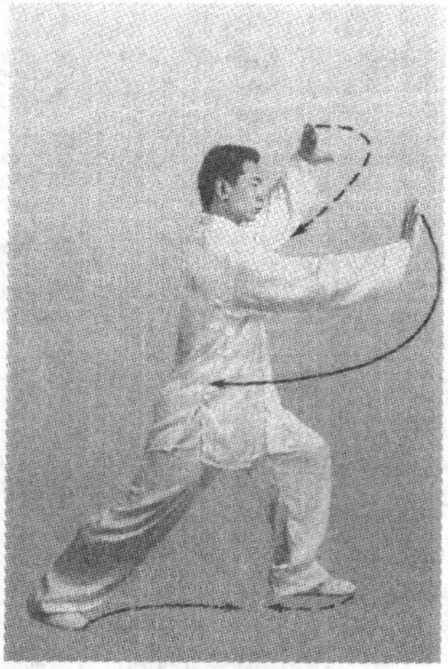

图 6—2—17③

图 6—2—17④

图 6—2—17⑤

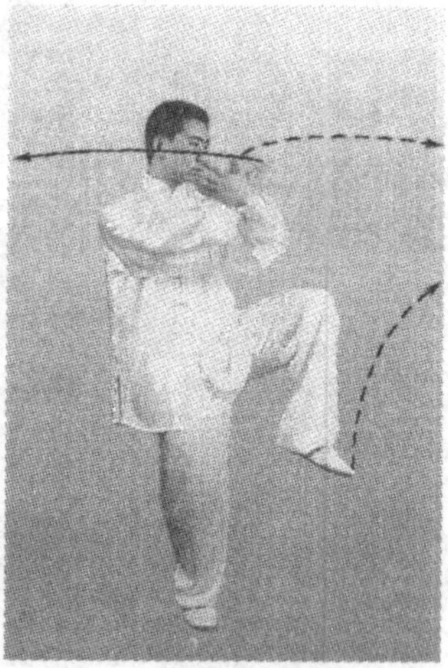

图 6—2—17⑥

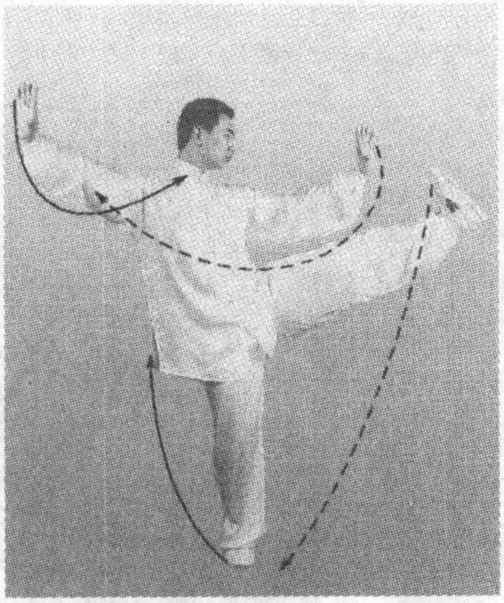

图 6—2—17⑦

图 6—2—17⑧

图 6—2—17⑨

图 6—2—17⑩

3. 左搂膝拗步——右搂膝拗步——左下势独立——右下势独立（图 6—2—18①～⑬）。

图 6—2—18①

图 6—2—18②

图 6—2—18③

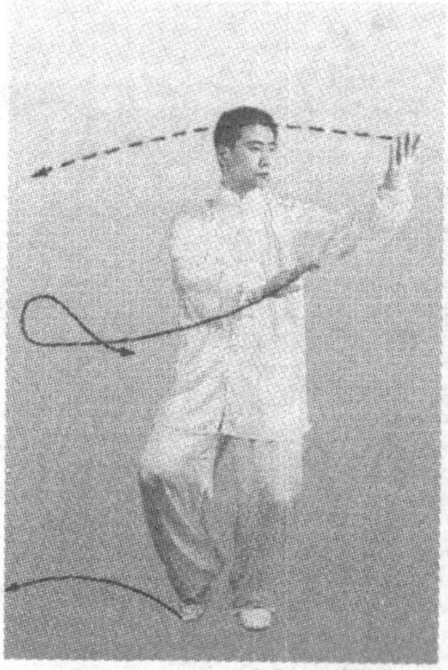

图 6—2—18④

图 6—2—18⑤

图 6—2—18⑥

图 6—2—18⑦

图 6—2—18⑧

图 6—2—18⑨

图 6—2—18⑩

图 6—2—18⑪

图 6—2—18⑫

图 6—2—18⑬

4．左右野马分鬃（两个）——左揽雀尾——右揽雀尾（图 6—2—19①～㉑）。

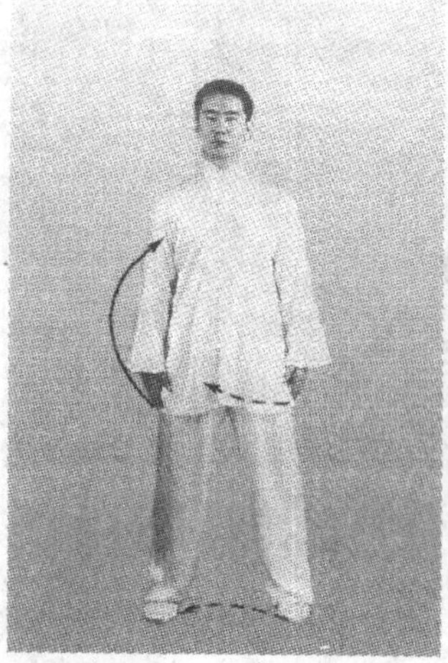

图 6—2—19①

图 6—2—19②

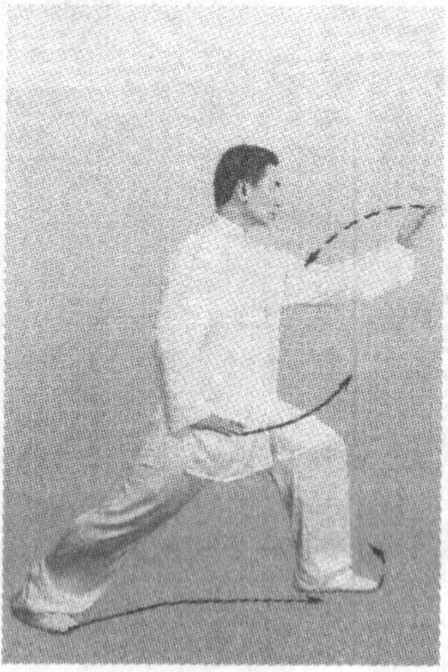

图 6—2—19③

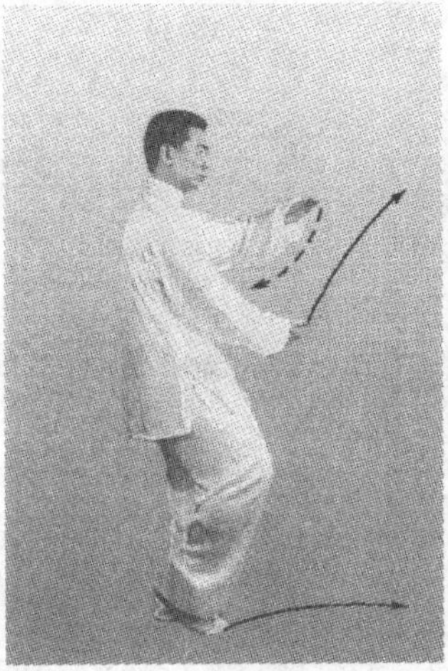

图 6—2—19④

图 6—2—19⑤

图 6—2—19⑥

图 6—2—19⑦

图 6—2—19⑧

图 6—2—19⑨

图 6—2—19⑩

图 6—2—19⑪

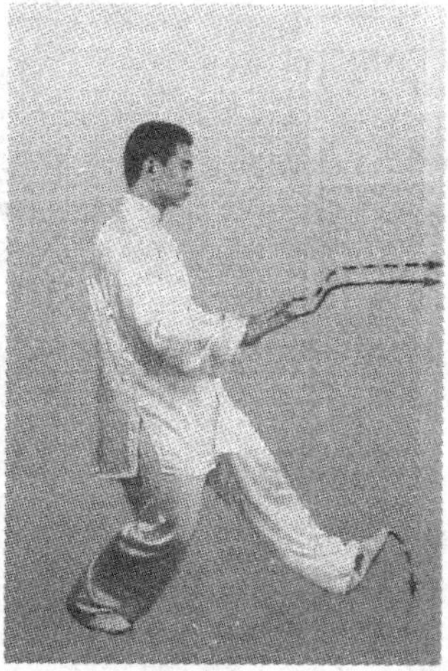

图 6—2—19⑫

图 6—2—19⑬

图 6—2—19⑭

图 6—2—19⑮

图 6—2—19⑯

图 6—2—19⑰

图 6—2—19⑱

图 6—2—19⑲

图 6—2—19⑳

图 6—2—19㉑

组合练习要点：每组练习的结束动作都可自然地接起始动作再进行反复练习。

（作者：梅杭强　摄影：梅杭强　演示：常　勇）

第三节　南　　拳

一、基本动作及方法

（一）手型

拳、掌的要求参见长拳。

1．虎爪

五指用力张开，第二、三节指骨弯曲，第一节指骨尽量向手背的一面伸张，使掌心凸出（图 6—3—1）。

2．鹰爪

拇指弯曲外展，其余四指并紧，使第二、三节指骨弯曲，但不得并拢（图 6—3—2）。

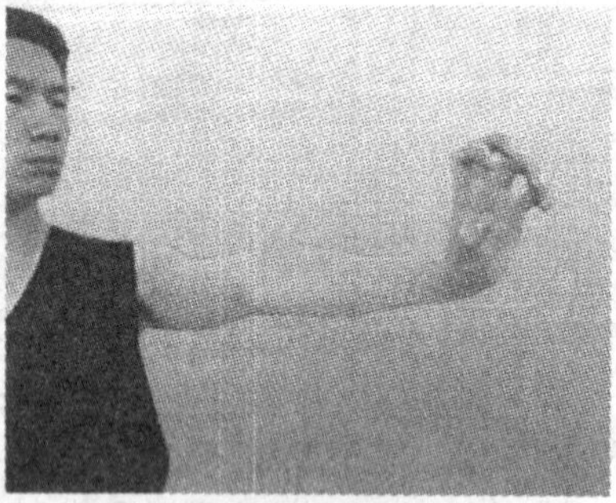

图 6—3—1

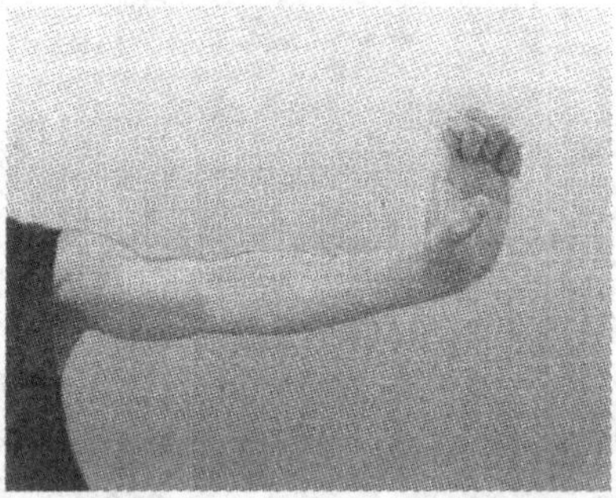

图 6—3—2

3．鹤嘴手

五指捏拢，指尖要平，直腕（图 6—3—3）。

4．单指

食指伸直，其余四指的第二、三节向内紧屈（图 6—3—4）。

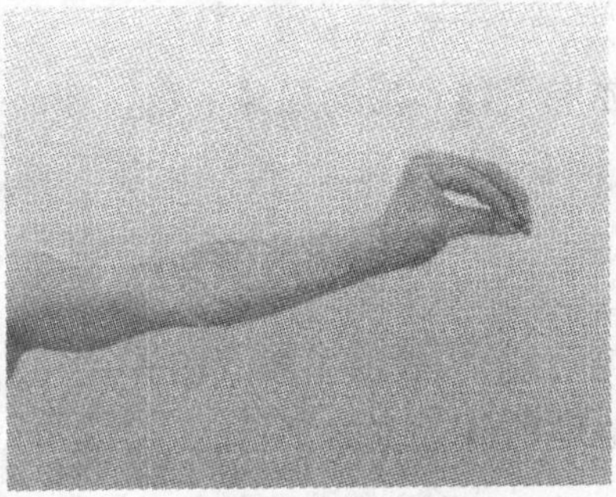

图 6—3—3

图 6—3—4

（二）步型

马步、弓步、虚步与长拳要求基本相同，重心可以略高。

1．拐步

两腿前后交叉。前腿屈膝下蹲，脚尖外展（约 90°）；后腿屈膝下跪，膝部接近地面，脚跟离地；收腹敛臀（图 6—3—5）。

要点：上体保持正直，沉气、坐胯、前脚踩地。

2．骑龙步

前腿屈膝半蹲，全脚掌着地；后腿屈膝下跪（不得贴地），前脚掌着地。两脚间相距约三脚长（图 6—3—6）。

图 6—3—5

图 6—3—6

要点：上体正直，收腹沉胯，重心偏于前腿。

3．跪步

两腿前后分开，距离约两脚长。前腿屈膝下蹲；后腿屈膝下跪，膝部接近地面（不得触地），脚跟离地，臀部后坐（图 6—3—7）。

要点：上体正直，重心略偏后腿。

4．单蝶步

一腿屈膝下蹲，另一腿跪地（小腿内侧贴地），收腹立腰（图 6—3—8）。

要点：下蹲腿全脚掌着地，脚跟与跪地腿的膝盖基本平行。

图 6—3—7

图 6—3—8

（三）手法

拳法

1．拳法

（1）左右盖拳

①由并步抱拳开始。左脚向左侧迈步，脚尖朝前，屈膝半蹲成左弓步。同时身体左转，左拳向左侧伸出后直臂向下、向体后抡摆至与肩同高，拳心朝下；右拳向右侧伸出后直臂向上、向左弧形抡盖至体前，拳心斜朝里，力达拳心。目视右拳（图 6—3—9）。

②身体右转 180°，左腿挺膝伸直，右腿屈膝半蹲成右弓步。同时右拳由前

向上、向下、向体后抡摆至与肩同高，拳心朝下；左拳由后经下向上、向前弧形抡摆至体前，拳心斜朝里，力达拳心。目视左拳（图 6—3—10），左右反复练习。

要点： 转体时，以腰带臂，臂绕经体侧沿立圆运行，腰背发力，收腹含胸，下盖到终点要制动，发力要明显。

图 6—3—9

图 6—3—10

（2）左右抛拳

①由并步抱拳开始。身体左转，左脚向左侧迈出一步，屈膝半蹲成左弓步。同时左拳直臂向左后侧摆至与肩同高，拳心朝下；右拳直臂向右斜上方抛起，拳举于头上方，拳眼朝后。目视右前方（图 6—3—11）。

②身体右转，右腿屈膝半蹲成右弓步。同时右拳直臂由上向下、向右弧形摆至右后方，与肩同高，拳心朝下；左拳向下经体侧向左斜上方抛起，拳举于头上方，拳眼朝后。目视左前方（图 6—3—12）。左右反复练习。

要点： 抛拳路线由下向斜上，紧贴身体，臂外旋，力达拳眼（或前臂桡骨侧），收腹立腰。

（3）左右挂拳

①由马步抱拳开始。左拳向内经上向左侧抄挂，臂微屈，拳心朝上，力达拳背。目视左拳（图 6—3—13）。

②右拳向内经上向右侧抄挂，臂微屈，拳心朝上，力达拳背。同时左拳收抱于腰间，拳心朝上。目视右拳（图 6—3—14）。左右反复练习。

要点： 挂拳时臂先内旋后外旋，经体前立圆运行，眼随手动，以腰带臂，手腕微扣。

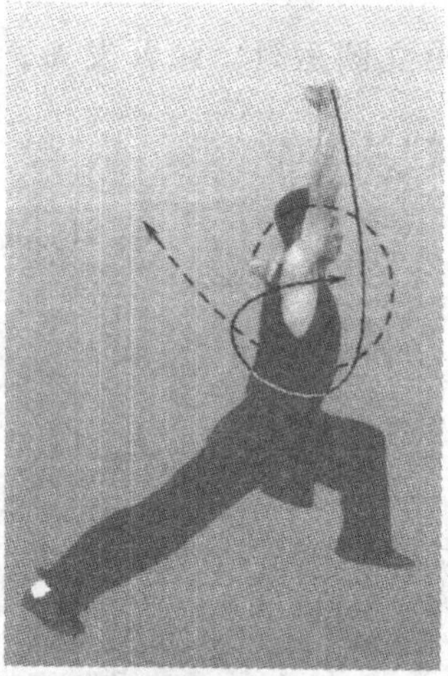

图 6—3—11

图 6—3—12

图 6—3—13

图 6—3—14

(4) 左右鞭拳

①由并步抱拳开始。左脚向左侧跨一步，微屈膝，脚尖朝前。同时右拳变掌向右侧伸直，拇指侧朝上；左拳平屈于胸前。动作不停，右脚经左腿后向左侧插一步，腿伸直，脚跟离地。同时左拳由体前向左侧鞭甩，拳眼朝上，力达拳背（鞭击的部位有上、中、下之分）；右掌附于左肩前。目视左拳（图

6—3—15、16）。

图 6—3—15

图 6—3—16

②右脚向右侧跨一步，脚尖朝前，微屈膝。同时左拳变掌，右掌变拳。动作不停，左脚经右腿后向右侧插一步，腿伸直，脚跟离地。同时右拳由体前向右侧鞭甩，拳眼朝上，力达拳背；左掌附于右肩前。目视右拳（图 6—3—17、18）。左右反复练习。

图 6—3—17

图 6—3—18

要点：插步、鞭拳、转头要协调一致，鞭拳时以肘关节为轴，臂由屈至伸，发力干脆，甩臂明显。

(5) 左右鹤嘴手

①由并步抱拳开始。左脚向前上步，身体微向左转，右拳变掌，向右前上方穿出，掌心朝上；左拳变掌，自然后摆，掌心朝下。目视右掌（图6—3—19）。

②上动不停，躯干微右转，右掌以腕为轴沿逆时针方向缠绕一周，变鹤嘴手向右上方啄击，指尖朝外。目视右手（图6—3—20）。

图 6—3—19

图 6—3—20

③上动不停，右脚向前上步成右虚步。躯干微右转，左掌变鹤嘴手，绕经左肩外侧向右前上方啄击，指尖朝右，与太阳穴同高。左臂微屈，肘关节下垂；右鹤嘴手随屈肘拉至右肩侧，指尖朝外。目视左手（图6—3—21）。

要点：以上动作要连贯，虚步定势时手脚配合要完整，躯干略向右拧转，右臂内旋，左臂外旋。鹤嘴手五指捏拢，直腕。

2．桥法

(1) 圈桥

由半马步抱拳开始。以左手圈桥为

图 6—3—21

例，左拳变掌，左臂侧伸，以肘关节为轴，前臂向内或向外沿立圆圈绕（图6—3—22、23）。

要点：圈桥时肩关节保持下沉。

图 6—3—22

图 6—3—23

（2）沉桥

由两脚开立步（二字马步）两臂屈肘于胸前（掌心朝后）开始（图6—3—24）。两臂屈肘内旋，同时下沉，使前臂用力向下压，掌心朝下（图6—3—25）。

图 6—3—24

图 6—3—25

要点： 沉肩夹肘，臂肌保持适度紧张。

（四）步法

1．盖步

一脚经另一脚前横迈一步，全脚掌着地，脚尖外摆，两腿交叉。

要点： 步幅要大，坐胯、跪膝、重心下沉。

2．麒麟步

（1）由并步开始。左脚向右前方上步，脚尖外摆，膝微屈；右腿屈膝下跪，脚跟离地，两腿交叉（图 6—3—26）。

（2）右脚由后经左脚前向左前方上步，脚尖外摆，膝微屈；左腿屈膝下跪，脚跟离地，两腿交叉（图 6—3—27）。

（3）左脚由后向左前方上步，脚尖朝左，双腿屈膝成半马步（图 6—3—28）。

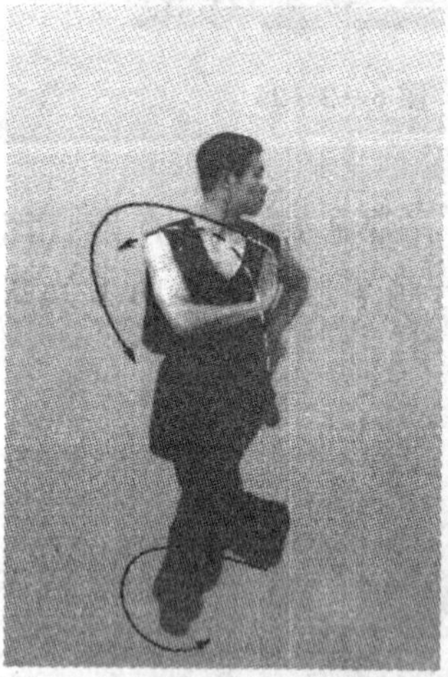

图 6—3—26

图 6—3—27

图 6—3—28

要点： 重心较低，步幅较大，步频逐渐加快，注意沉气、坐胯、踩脚、敛臀，上体保持中正。

（五）腿法

1．前钉腿

一腿屈膝提起，由屈到伸，迅速向前下钉踢，脚尖绷直，高不过膝。目视脚尖（图6—3—29）。

要点：提膝时以大腿带动小腿，踝关节放松。钉腿时挺膝，脚面用力绷直，发劲快、脆。

2．踩腿

一腿屈膝提起，膝关节外展，由屈到伸，迅速向前下方踩出，脚尖勾紧并翻转朝外，高不过膝。目视脚跟（图6—3—30）。

要点：边屈膝边外展，脚尖尽量朝外，用劲短促、干脆，力达脚掌内侧。

图6—3—29

图6—3—30

3．横钉腿

两腿右前左后站立。右腿支撑，脚尖略外转；左腿屈膝侧抬，脚由左侧弧形向斜上方猛力横钉，脚尖勾起，高于腰，力达脚前掌。目视脚尖（图6—3—31、32）。

要点：抬腿时以大腿带小腿；钉腿时腿部屈伸明显，先松后紧，快速用力，勾脚收腹。

图 6—3—31

图 6—3—32

二、基础练习

方法练习

（一）麒麟步盘手左弓步双推掌——麒麟步盘手右弓步双推掌——并步抱拳

预备势：并步抱拳

1. 麒麟步盘手左弓步双推掌

（1）左脚向右前方上步，脚尖外摆，两腿屈膝成左拐步。同时两拳变掌由腰间摆向身体左侧，右掌在上，掌心朝左；左掌在下，掌心朝前。目视左侧（图 6—3—33）。

（2）右脚由后向左前方上步，脚尖外摆，两腿屈膝成右拐步。同时两掌由左经体前摆至右侧，左掌在上，右掌在下成右侧蝴蝶掌。目视右侧（图 6—3—34）。

（3）左脚由后向左前方上步，两腿弯曲成半马步（图 6—3—35）。继而右脚蹬地挺膝，左腿屈膝成左弓步。同时两掌向前推出，左掌心朝下，指尖朝右；右掌心朝上，指尖朝右。目视两掌（图 6—3—36）。

要点：左右拐步为麒麟步，重心要平稳，步速逐渐加快，推掌时手腕尽量侧屈，掌根用力前顶。

图 6—3—33

图 6—3—34

图 6—3—35

图 6—3—36

2．麒麟步盘手右弓步双推掌

（1）右脚向左前方上步，脚尖外摆，两腿屈膝成右拐步。同时两掌由前随屈肘收至右腰侧，左掌在上，掌心朝右；右掌在下，掌心朝前。目视右侧（图6—3—37）。

（2）左脚由后向右前方上步，脚尖外摆，两腿屈膝成左拐步。同时两掌由右经体前摆至左侧，右掌在上，左掌在下成左侧蝴蝶掌。目视左侧（图6—3—38）。

图 6—3—37

图 6—3—38

(3) 右脚由后向右前方上步，两腿弯曲成半马步（图 6—3—39）。继而左脚蹬地挺膝，右腿屈膝成右弓步。同时两掌向前推出，右掌心朝下，指尖朝左；左掌心朝上，指尖朝左。目视两掌（图 6—3—40）。

要点：参考上一动。

图 6—3—39

图 6—3—40

3. 并步抱拳

左脚向右脚并步立正，两掌变拳收至腰间，拳心朝上。目视前方（图

6—3—41）。

（二）左弓步抛拳——右弓步抛拳——上步挂盖拳——插步鞭拳——翻身左弓步挂盖拳——马步侧冲拳

预备势：并步抱拳（见图6—3—41）

1．左弓步抛拳

左脚向左前上步，左腿屈膝；右腿伸直成左弓步。同时左拳直臂向前、向上、向右再经下弧形摆至左后侧平举，拳心朝下；右拳直臂后伸再经下向右上方抛起，拳眼朝后。目视前方（图6—3—42）。

要点：左脚上步前重心先下沉，右腿先屈后伸再成弓步；左右弧形摆臂幅度宜大，以腰带臂，弓步与抛拳要一致。

图6—3—41

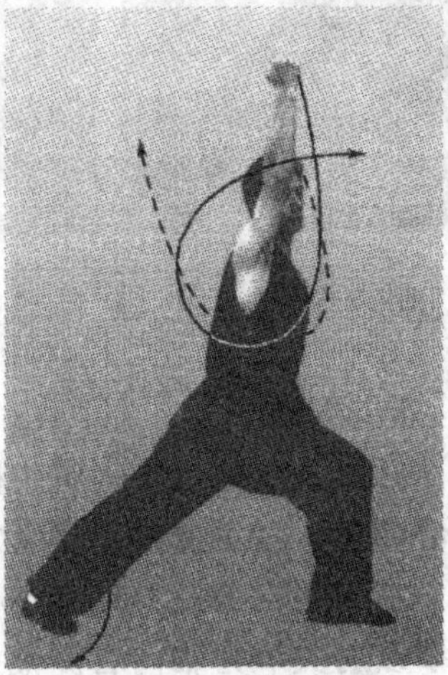

图6—3—42

2．右弓步抛拳

右脚向右前上步，右腿屈膝，左腿伸直成右弓步。同时左拳由后直臂经下向左上方抛起，拳眼朝后；右拳直臂由上向下弧形摆至右后侧平举，拳心朝下。目视前方（图6—3—43）。

要点：参考上一动左弓步抛拳。

3．上步挂盖拳

（1）左脚向前上步，脚尖微内扣，两腿屈膝半蹲。同时腰微右转，左拳内旋直臂下挂至体前；右拳直臂自然下摆。目视左拳（图6—3—44）。

（2）左腿屈膝，右腿挺膝伸直成左弓步。同时腰向左转，左拳经上反臂弧形挂摆至左后侧平举，拳心朝下；右拳由后经上直臂抡盖至体前，拳心朝下。目视右拳（图 6—3—45）。

要点：挂盖拳的双臂挂盖幅度宜大，力发于腰背，达于拳面，力点明显。

图 6—3—43

图 6—3—44

图 6—3—45

4．插步鞭拳

（1）右脚先向前上步，脚尖微内扣，双腿屈膝半蹲。同时右拳屈臂摆至胸前，拳心朝里；左拳变掌仍摆至左侧。目视左侧（图 6—3—46）。

（2）左脚经右脚后向右插步，前脚掌着地；右腿屈膝半蹲。同时腰微右转，右拳以肘关节为轴向右侧鞭打，拳眼朝上，力达拳背；左掌屈臂平摆至右肩前，掌心朝右。目视右拳（图 6—3—47）。

要点：插步、鞭拳、转头要协调一致，鞭拳时臂由屈至伸，发力干脆，甩臂明显。

5．翻身左弓步挂盖拳

以左脚掌为轴（右脚自然转动），身体向左后转约 270°，左腿屈膝，右腿挺膝伸直成左弓步。同时左掌变拳随转体经下向上立圆抡挂至左侧平举，拳心朝下；右拳随转体经下向上立圆抡盖至体前，拳心斜朝里。目视右拳（图 6—3—48）。

要点：转体快速，挂盖成立圆，发力于腰背。弓步时要前脚踩、后脚蹬，挣胯含胸。

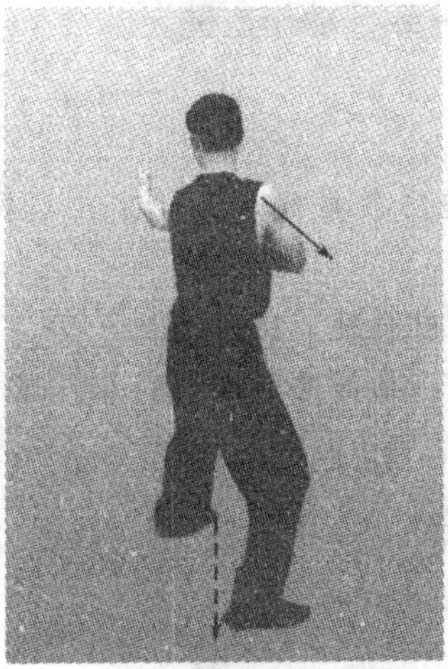

图 6—3—46

图 6—3—47

图 6—3—48

6．马步侧冲拳

（1）右脚向前上半步，脚尖点地。同时左拳变掌由后经下与右拳交叉上架至头上方，左掌在外。目视前方（图 6—3—49）。

（2）右脚向前上半步，脚尖内扣，两腿屈膝成马步。同时身体左转，右拳由上经腰间向右侧冲出，拳眼朝上，臂与肩平，力达拳面；左掌由上经腰间向前微伸后屈臂附于右肩前，掌心朝右。目视右拳（图 6—3—50）。

（3）身体右转直立，左脚向右脚并拢，两拳收抱于腰间，目视前方（图 6—3—51）。

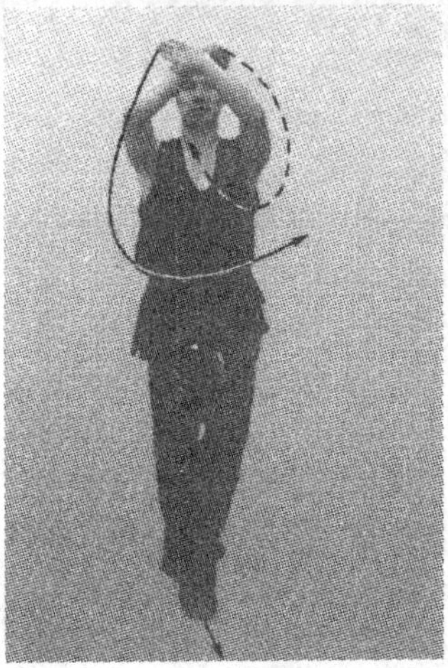

图 6—3—49

图 6—3—50

图 6—3—51

要点：右脚点地与两臂上架一致，马步与冲拳一致，动作连贯。

主要参考文献：

1．全国体育学院教材委员会．体育学院专修通用教材武术．北京：人民体育出版社，1991

2．朱瑞琪．南拳入门与提高．北京：人民体育出版社，1999

（作者：朱瑞琪　摄影：杨昌忠　演示：朱　宏）

第四节　剑　术

一、基本动作及方法

（一）剑的各部位名称及图示

剑的各部位名称及图示如图6—4—1。

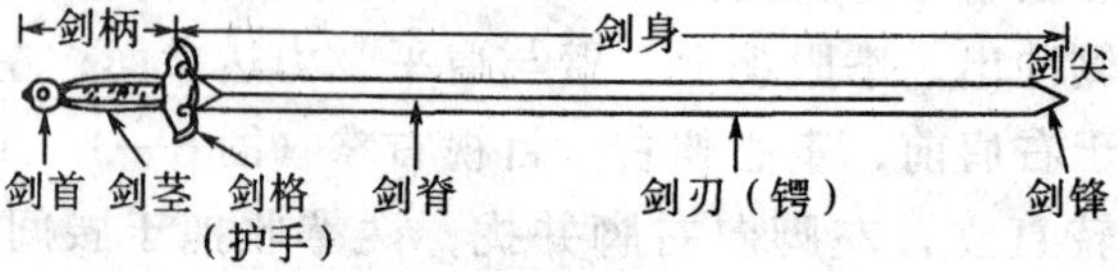

图6—4—1

1．剑身

剑有刃的部分。

2．剑尖

剑身梢端尖锐之点。

3．剑锋

剑身梢端与剑尖相连的菱形刃。

4．剑脊

剑身中央凸起部位。

5．剑刃（锷）

剑身锐利的两侧。

6．剑格（护手）

剑身与握柄间的突出部分，也称护手或剑盘。

7．剑柄

手握部分，也称剑茎剑把。

8．剑首

剑茎底端的突出部分。

9．剑鞘

装剑的硬套。

10．剑穗

系于剑首后的装饰品。

（二）握剑方法

虎口贴紧剑格，拇指与其余四指相对握拢剑柄。一般将握剑分为正握、反握、俯握和仰握（图6—4—2）。正握剑：立剑（剑刃朝上下为立剑），小指侧向下。反握剑：立剑，小指侧向上。俯握剑：平剑（剑刃朝两侧为平剑），手心向下。仰握剑：平剑，手心向上。

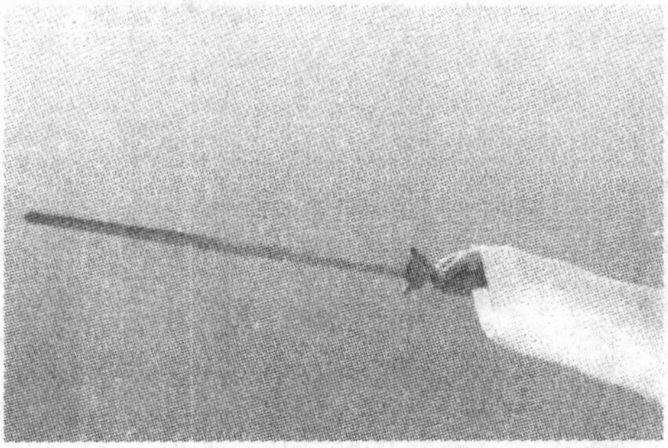

正握剑

反握剑

俯握剑

仰握剑

图 6—4—2

(三)持剑礼节与持剑方法

1. 持剑礼(图 6—4—3)

并步站立,左手持剑,屈臂抬起,使剑身贴前臂外侧斜横于胸前;右手成掌,以掌外沿附于左手食指根节,高与胸齐。两手与胸间距离为 20 ~ 30 厘米。

图 6—4—3

2．持剑方法（图 6—4—4）

常见于剑术套路的起收势。具体方法是：手心紧贴护手，食指扶于剑柄，拇指和其余手指分别紧扣于护手两侧，剑脊轻贴前臂后侧。

图 6—4—4

3．剑指

中指与食指伸直并拢，其余三指弯曲，拇指压在无名指与小指第一指节上。

（四）基本剑法

1．刺剑（图 6—4—5）

立剑向前直出为刺，力达剑尖。

图 6—4—5

2. 劈剑（图 6—4—6①②）

立剑，由上向下为劈，力达剑身。劈有里劈和外劈，劈的目标是攻击对方头部或肩部。

图 6—4—6①

图 6—4—6②

3．撩剑（图 6—4—7①②）

立剑，由下向前上方为撩，力达剑身前部。撩有里撩和外撩，撩的目标是利用剑刃撩割对方的腕部。

图 6—4—7①

图 6—4—7②

4．挂剑（图 6—4—8①～④）

立剑，手臂内旋，使剑尖由前向下、向后或向上、向后为挂，力达剑身前部。挂是防守对方用剑刺喉或面部的剑法。挂有左挂和右挂。

图 6—4—8①

图 6—4—8②

图 6—4—8③

图 6—4—8④

5．云剑（图 6—4—9①②）

举剑过顶（剑刃朝上横拉，称之为“云”，因其如天空浮云之状得名），用剑下刃从对方右臂的下方向上云割对方持剑的手腕。

图 6—4—9①

图 6—4—9②

6．点剑（图 6—4—10）

立剑，提腕，使剑尖猛向前下为点，力达剑锋。目标是点击对方的头部或腕部。

图 6—4—10

7．绞剑（图 6—4—11）

平剑，剑尖向左（右）小立圆绕环为绞，力达剑身前部。主要用于圈割对方手腕。

图 6—4—11

8．崩剑（图 6—4—12①②）

立剑，沉腕使剑尖猛向前上为崩，力达剑身前端和剑尖。主要用剑前端崩开袭来之剑或用剑尖崩击对方的腕部。

图 6—4—12①

图 6—4—12②

9．截剑

剑身斜向上或斜向下为截，力达剑身前部。上截剑斜向上（图 6—4—13①②），下截剑斜向下（图 6—4—13①③），后截剑斜向右后下方。主要使用剑下刃截击对方持剑攻击的手臂。

图 6—4—13①

图 6—4—13②

图 6—4—13③

10．斩剑（图 6—4—14①②）

平剑向右（左）横出，力达剑身。主要使用剑的下刃，平斩对方。目标是攻击对方的颈部或腰部。

图 6—4—14①

图 6—4—14②

二、基础练习

（一）单式剑法重复练习

1．剪腕花

以腕为轴，立剑在臂两侧向前下贴身立圆绕环，力达剑尖。

2．撩腕花

以腕为轴，立剑在臂两侧向前上贴身立圆绕环，力达剑尖。

以上动作可连续做，重复练习，以锻炼腕关节的灵活性。

3．左右撩剑（见图 6—4—7），重复练习。

4．左右挂剑（见图 6—4—8），重复练习。

5．结合步法的点剑（见图 6—4—10）练习。

6．结合步法的崩剑（见图 6—4—12）练习。

（二）剑术组合动作练习

盘腿平衡截剑——上步撩剑——提膝抱剑——行步带剑——上步撩剑——扣步点剑——插步腕花——弓步刺剑。

1．盘腿平衡截剑（图 6—4—15①②）

图 6—4—15①

图 6—4—15②

2．上步撩剑（图 6—4—16①②）

图 6—4—16①

图 6—4—16②

3．提膝抱剑（图 6—4—17①～③）

图 6—4—17①

图 6—4—17②

图 6—4—17③

4．行步带剑（图 6—4—18①～⑤）

图 6—4—18①

图 6—4—18②

图 6—4—18③

图 6—4—18④

图 6—4—18⑤

5．上步撩剑（图 6—4—19）

图 6—4—19

6．扣步点剑（图 6—4—20①②）

图 6—4—20①

图 6—4—20②

7．插步腕花（图 6—4—21①～③）

图 6—4—21①

图 6—4—21②

图 6—4—21③

8．弓步刺剑（图 6—4—22①～④）

图 6—4—22①

图 6—4—22②

图 6—4—22③

图 6—4—22④

主要参考文献：

中国武术研究院、中国武术协会．武术竞赛系列丛书·剑术竞赛套路．第1版．北京：人民体育出版社，1989

（作者：陈亚斌　摄影：吴晓峰　演示：陈亚斌）

第五节　刀　　术

一、基本动作及方法

(一) 刀的各部位名称及图示

刀的各部位名称及图示如图 6—5—1。

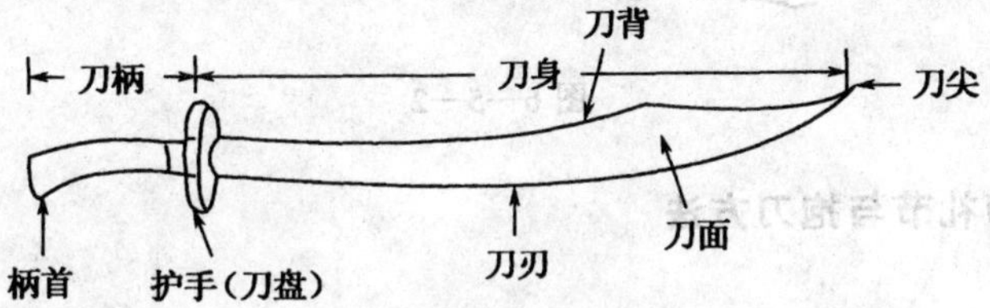

图 6—5—1

1. 刀身

护手（刀盘）至刀尖部分。

2. 刀尖

刀身梢端。

3. 刀刃

刀身锐利的一侧。

4. 刀背

刀身钝厚的一侧，也称刀脊。

5. 护手（刀盘）

装于刀身和刀柄间的铁盘，也称刀盘。

6. 刀柄

手握的部位，也称刀把。

7. 柄首

刀柄底端突起部分。

8. 刀鞘

装刀的硬套。

9. 刀彩

系于柄首的装饰彩绸（或彩布）。

（二）握刀方法

以虎口包绕刀把，并靠近护手盘，四指自然弯曲，拇指第一指节压在食指第二指节侧（图 6—5—2）。

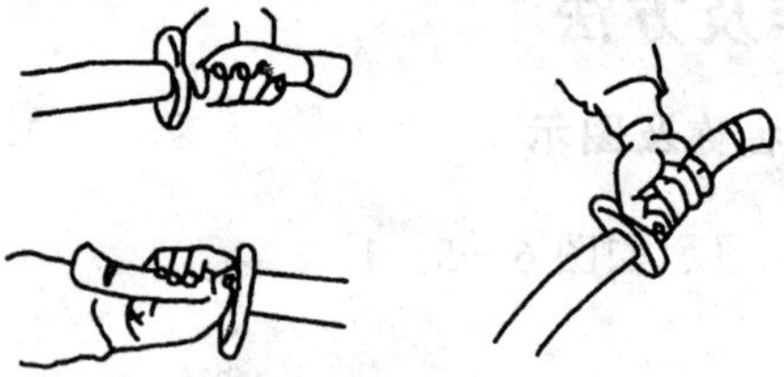

图 6—5—2

（三）抱刀礼节与抱刀方法

1. 抱刀礼

并步站立，左手抱刀，屈臂抬起使刀横于胸前，刀刃向上；右手成掌，以掌心扶于左手拇指第一指节上，高与胸齐。两手与胸间距离为 20 ~ 30 厘米（图 6—5—3）。

图 6—5—3

2. 抱刀方法

左手屈腕，食指与中指夹住刀柄，拇指压于护手盘之上。刀背贴于左臂内侧，刀尖朝上，刀刃朝前（图 6—5—4）。抱刀一般用于预备姿势与收势。

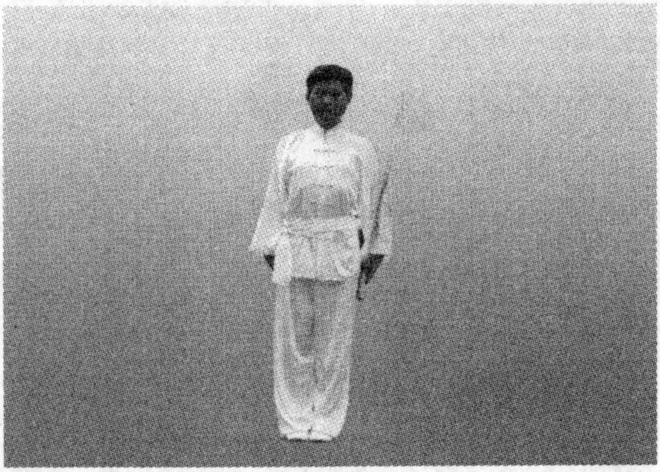

图 6—5—4

（四）基本刀法

1．劈刀

刀由上向下为劈，力从腰发，达于刀刃（图 6—5—5①②）。

图 6—5—5①

图 6—5—5②

2．砍刀

刀由上向左或右下方斜劈为砍。以腰助力，力达刀刃（图 6—5—6①②）。

图 6—5—6①

图 6—5—6②

3．撩刀

刀由下向前上为撩，力达刀刃前部（图 6—5—7①②）。撩刀有正撩与反撩。反撩时前臂外旋，刀沿身体右侧撩出。正撩与反撩动作相同，方向相反。

图 6—5—7①

图 6—5—7②

4．挂刀

刀尖由前向下、向左为挂，力达刀背前端（图 6—5—8①②）。挂刀有上挂、下挂和抡挂之分。上挂向上、向后贴身挂出，下挂向下、向后贴身挂出，抡挂贴身立圆挂一周。

图 6—5—8①

图 6—5—8②

5. 崩刀

沉腕，刀尖猛向前上崩，力达刀尖（图 6—5—9①②）。

图 6—5—9①

图 6—5—9②

6. 扎刀

刀刃朝下，刀尖向前直刺为扎，力达刀尖，臂与刀成一直线。平扎刀，刀尖高与肩平（图 6—5—10①②）；上扎刀，刀尖高与头平；下扎刀，刀尖高与膝平。

图 6—5—10①

图 6—5—10②

7．缠头刀

刀尖下垂，刀背沿左肩贴背绕过右肩，头部正直（图 6—5—11①～③）。

图 6—5—11①

图 6—5—11②

图 6—5—11③

8．裹脑刀

刀尖下垂，刀背沿右肩贴背绕过左肩，头部正直（图 6—5—12①②）。

图 6—5—12①

图 6—5—12②

9．藏刀

刀身横平（刀尖朝后，刀刃朝外），藏于左腰后为拦腰藏刀（图 6—5—13①）。刀身平直（刀尖朝前，刀刃朝下），藏于右髋侧为平藏刀（图 6—5—13②）。

图 6—5—13①

图 6—5—13②

二、基础练习

（一）单式刀法重复练习

1．剪腕花

以腕为轴，刀在臂两侧向前下贴身立圆绕环，刃背分明。

2．撩腕花

以腕为轴，刀在臂两侧向前上贴身立圆绕环，刃背分明。

以上动作可重复练习。

3．左右撩刀重复练习（见图6—5—7）。

4．挂刀重复练习（见图6—5—8）。

5．缠头裹脑刀法重复练习（见图6—5—11、6—5—12）。

（二）刀术组合动作练习

马步藏刀——并步斩刀——缠头刀——剪腕花上扎刀——弓步崩刀。

1．马步藏刀（图6—5—14）。

图6—5—14

2．并步斩刀（图 6—5—15①～③）。

图 6—5—15①

图 6—5—15②

图 6—5—15③

3．缠头刀（图 6—5—16①②）

图 6—5—16①

图 6—5—16②

4. 剪腕花上扎刀（图 6—5—17①～③）

图 6—5—17①

图 6—5—17②

图 6—5—17③

5．弓步崩刀（图 6—5—18①～③）

图 6—5—18①

图 6—5—18②

图 6—5—18③

主要参考文献：

中国武术研究院、中国武术协会．武术竞赛系列丛书·刀术竞赛套路．第1版．北京：人民体育出版社，1989

（作者：陈亚斌　摄影：吴晓峰　演示：陈亚斌）

第六节　棍　术

一、基本动作及方法

（一）棍的各部位名称及图示

棍的各部位名称及图示如图 6—6—1。

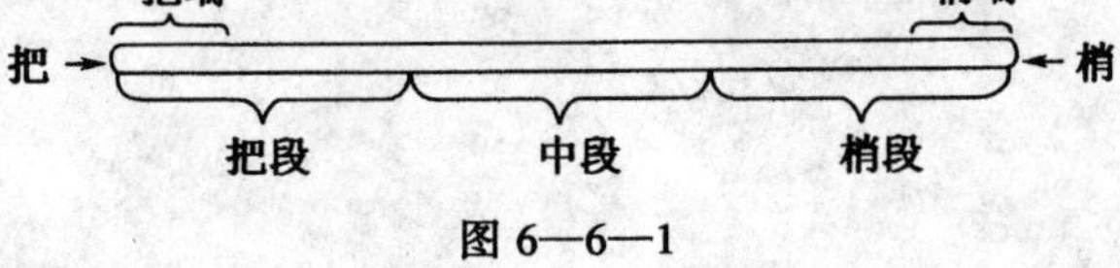

图 6—6—1

1．棍梢

棍的细端尖部。

2．棍把

棍的粗端底部。

3．梢段

从梢至棍身三分之一处。

4．梢端

从梢至梢段三分之一处。

5．中段

棍身正中三分之一的棍段。

6．把段

从把至棍身三分之一处。

7．把端

从把至把段三分之一处。

（二）持棍礼节

持棍礼为并步站立，右手持棍把段（靠把端三分之一处），屈臂置于胸前，棍身直立；左手成掌，掌外侧扶于右手腕部，两手与胸间距离为20～30厘米（图6—6—2）。

图6—6—2

（三）基本棍法

1．立举

右手握棍把，将棍竖直举于体前或体侧（图 6—6—3）。

图 6—6—3

2．斜举

一手握棍把，另一手握棍身，将棍举于斜上方（图 6—6—4）。

3．肩上背棍

单手或双手握把端，将棍身平置于肩上（图 6—6—5）。

图 6—6—4

图 6—6—5

4．背后背棍

单手握棍，将棍置于背后，棍身紧贴背部（图6—6—6）。

图6—6—6

5．抱棍

两手开握（一手握棍把，一手握棍身前段，如图6—6—7），并握（左手上右手下握棍把）或两臂交叉握棍（两手开握或并握棍，两臂交叉叠起），将棍抱于体前或体侧。

图6—6—7

6．劈棍

棍由上向下猛力劈出。力达棍前端（图6—6—8①②）。斜劈棍：动作基本同上，唯劈棍方向是由右上向左下或由左上向右下。

图6—6—8①

图6—6—8②

7．扫棍

棍梢在腰以下平扫或以棍梢贴地、棍身倾斜迅猛扫出，力达棍前端（图6—6—9①②）。

图 6—6—9①

图 6—6—9②

8. 平抡棍

棍梢在胸以上向左或向右迅猛有力地做半周以上平抡。力达棍前端（图6—6—10①②）。

图 6—6—10①

图 6—6—10②

9．挂棍

用棍梢或棍把由前向侧后上方或侧后下方贴身拨摆，快速有力（图6—6—11）。

图6—6—11

10．云棍

棍在头前上方或上方向右（左）平圆绕环一周。快速有力，力达棍前端（图6—6—12①～③为双手云棍）。

图6—6—12①

图 6—6—12②

图 6—6—12③

11. 撩棍

前撩棍为棍沿身体左侧或右侧画立圆向前快速撩出，力达棍前端（图6—6—13①②）；后撩棍为棍沿身体左侧向后快速撩出，力达棍前端（图6—6—13③④）。

图 6—6—13①

图 6—6—13②

图 6—6—13③

图 6—6—13④

12．架棍

右手握棍把，左手握棍身前段，由下向头上举起，棍身横平为平架棍，棍身斜平举为斜架棍（图 6—6—14），力达棍身中段。

图 6—6—14

13．格棍

将棍身竖举于身前向左（右）格挡，动作要快速有力（图6—6—15）。

图6—6—15

14．点棍

棍梢向下方短促点击，力达棍梢（图6—6—16）。

图6—6—16

15. 崩棍

棍梢由下向上或向左右短促崩击，力达棍梢（图 6—6—17①②为上崩棍，③④为平崩棍）。

图 6—6—17①

图 6—6—17②

图 6—6—17③

图 6—6—17④

16．戳棍

双手握棍，使棍梢或棍把直线向前、向侧或向后戳击，力达棍梢或棍把顶端（图 6—6—18①为前戳棍，②③为侧戳棍，④⑤为后戳棍，⑥⑦为戳把）。

图 6—6—18①

图 6—6—18②

图 6—6—18③

图 6—6—18④

图 6—6—18⑤

图 6—6—18⑥

图 6—6—18⑦

17. 绞棍

将棍身横置于身前，棍梢或棍把向内或向外绕立圆，动作快速柔和，力达棍梢端或棍把端，立圆不宜太大（图 6—6—19①～③）。

图 6—6—19①

图 6—6—19②

图 6—6—19③

18．立舞花棍

棍在身体两侧立圆绕行。动作要快速连续。立舞花棍可在原地和行进间进行（图 6—6—20①～⑤）。

图 6—6—20①

图 6—6—20②

图 6—6—20③

图 6—6—20④

图 6—6—20⑤

19. 左右提撩舞花

棍法同撩棍，使棍梢在身体两侧连续地顺时针画立圆转动。要求动作快速连贯，不得触及身体（图 6—6—21①②）。

图 6—6—21①

图 6—6—21②

20．体前体后单手舞花

右手握棍身中段或把段，先在身后舞转一立圆，再转向身前舞一立圆。如此依次连续舞转（图 6—6—22①～⑤）。

图 6—6—22①

图 6—6—22②

图 6—6—22③

图 6—6—22④

图 6—6—22⑤

二、基础练习

（一）单式棍法重复练习

1．左右提撩舞花棍（见图 6—6—21）可在原地和行进间重复练习。

2．立舞花棍（见图 6—6—20），可在原地和行进间重复练习。

3．体前体后单手舞花棍（见图 6—6—22）。

（二）棍术组合动作练习

丁字步抱棍——平抡棍仆步抱棍——歇步绞棍——抡扫腾空举棍——仆步摔棍——抡棍弓步背棍

1．丁字步抱棍（图 6—6—23）。

图 6—6—23

2. 平抡棍仆步抱棍（图 6—6—24①～④）。

图 6—6—24①

图 6—6—24②

图 6—6—24③

图 6—6—24④

3．歇步绞棍（图6—6—25①②）。

图6—6—25①

图6—6—25②

4．抡扫腾空举棍（图 6—6—26①～③）。

图 6—6—26①

图 6—6—26②

图 6—6—26③

5. 仆步摔棍（图 6—6—27）。

图 6—6—27

6．抡棍弓步背棍（图 6—6—28①～⑧）。

图 6—6—28①

图 6—6—28②

图 6—6—28③

图 6—6—28④

图 6—6—28⑤

图 6—6—28⑥

图 6—6—28⑦

图 6—6—28⑧

主要参考文献：

中国武术研究院、中国武术协会．武术竞赛系列丛书·棍术竞赛套路．第1版．北京：人民体育出版社，1989

（作者：陈亚斌　摄影：吴晓峰　演示：陈亚斌）

第七节　枪　　术

一、基本动作及方法

（一）枪的各部位名称及图示

枪的各部位名称及图示如图 6—7—1。

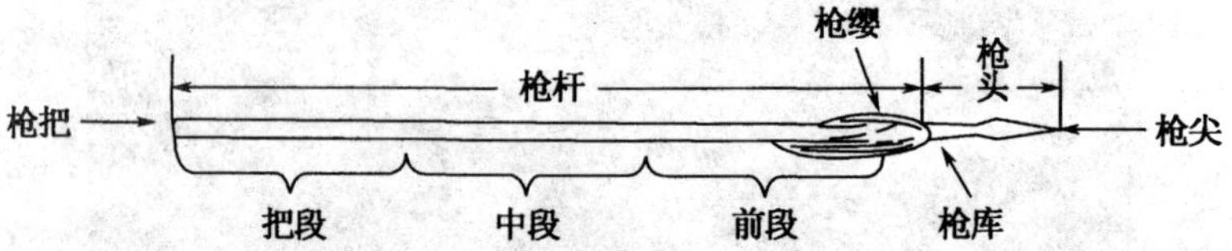

图 6—7—1

1．枪杆

枪的木杆部分。

2．枪头

安装在枪杆上带尖刃的金属。

3．枪尖

枪头尖锐部。

4．枪库

枪头尾段锥形圆管。

5．枪缨

系于枪头尾端的红缨。

6．前段

枪杆靠近枪头的三分之一段。

7．中段

枪杆正中三分之一部分。

8．把段

枪杆靠近枪把的三分之一段。

9．枪把

枪杆的底端。

10．把端

枪杆把段靠近枪把的三分之一部分。

（二）持枪礼节与持枪方法

1．持枪礼

与持棍礼方法相同。

2．持枪方法

右手全把握于枪把末端，使枪直立于身体右侧（图 6—7—2）。

图 6—7—2

（三）基本枪法

1．背枪

枪身与身体贴紧背稳（图 6—7—3）。

2．扎枪

必须使枪直出，劲达于枪尖，使枪颤动，后手必须触及前手。平枪必须成水平；上枪高不过头，低不过肩；下枪高不过膝，低不触地。上平枪枪杆高与胸齐（图 6—7—4①②），中平枪枪杆在胸腰之间，下平枪枪杆与腰相齐，低平枪离地 20 厘米。

图 6—7—3

图 6—7—4①

图 6—7—4②

3. 反把上扎枪

后手的摆动不得超过头部 10 厘米，后手接近前手，枪要直扎，力量不要太大（图 6—7—4③）。

图 6—7—4③

4．拿枪

枪尖向内画弧，高不过头，低不过胯（图 6—7—5）。

图 6—7—5

5．拦枪

枪尖向外画弧，要求同拿枪（图 6—7—6）。

图 6—7—6

6．里外缠枪

枪尖绕立圆，高不过眼，低不过胯。动作要协调，力达枪杆前端（图6—7—7）。

图 6—7—7

7．平抡枪

枪向右或左平抡，要迅猛有力，力达枪杆前端（图 6—7—8①②）。

图 6—7—8①

图 6—7—8②

8．前劈枪

双手握枪，由上而下，用力快猛，力达于枪尖（图 6—7—9①②）。

图 6—7—9①

图 6—7—9②

9．崩枪

枪尖向上或向左右短用力崩弹，力达枪尖，使枪杆颤动。上崩枪枪尖高不过头；平崩枪枪尖高不过胸，低不过腰；下崩枪枪尖高不过膝，低不触地（图6—7—10①～④）。

图 6—7—10①

图 6—7—10②

图 6—7—10③

图 6—7—10④

10．拨枪

枪身左右拨动，用力要轻快平衡，幅度不要过大。上拨枪枪尖稍高过头部；平拨枪枪尖高不过胸，低不过腰；下拨枪枪尖高不过膝，低不触地（图6—7—11①～③）。

图 6—7—11①

图 6—7—11②

图 6—7—11③

11．点枪

枪尖由上向下短促用力，力达于枪尖。上点高不过头，低不过肩；平点高不过肩，低不过胯；下点高不过膝，低不着地（图 6—7—12）。

图 6—7—12

二、基础练习

（一）单式枪法重复练习

1．拦拿扎枪法重复练习（图 6—7—13①～④）。
2．里外缠枪重复练习（见图 6—7—7）。

（二）枪术组合动作练习

弓步拦拿扎枪——横裆步托枪——转身劈枪——高虚步抱枪。

1．弓步拦拿扎枪（见图 6—7—13①～④）。

图 6—7—13①

图 6—7—13②

图 6—7—13③

图 6—7—13④

2．横裆步托枪（图 6—7—14）。

图 6—7—14

3．转身劈枪（图 6—7—15）。

图 6—7—15

主要参考文献：

中国武术研究院、中国武术协会．武术竞赛系列丛书·枪术竞赛套路．第1版．北京：人民体育出版社，1989

（作者：陈亚斌　摄影：吴晓峰　演示：陈亚斌）

第七章

散打的基本技术

散打的基本技术，是指散打运动员在实战中完成进攻与防守动作的方法，是散打运动员竞技能力水平的重要因素。根据动作的组成，可将散打技术大致分为单个动作技术和组合动作技术两大类。其中单个动作技术有实战姿势、拳法、腿法、摔法、步法、防守法、跌法等，组合动作技术有拳法组合、腿法组合、拳腿组合、拳摔组合等。另外，根据动作的应用功能，可将散打技术大致分为主动进攻型技术和防守反击型技术两大类。在散打比赛中，运动员根据攻守平衡的对抗原理，将单个和组合技术不断地运用到进攻和防守之中。

散打运动员所掌握的技术越全面，达到的运动技能越高，也就越能有效地使用单个技术和组合技术。全面的技术训练也有利于发展运动员技术上的个人特点，使之形成自己的技术风格。

这里只介绍单个技术。

一、实战姿势（预备姿势）

（一）动作过程

散打的实战姿势一般分为左手在前的“正架”和右手在前的“反架”两种。运动员可以根据自己的习惯和爱好，选择合适的一种实战姿势作为最初学习散打的定势。本书均以正架为例（图 7—1①②）。

下面介绍对身体各部位的要求。

1．步型：两脚前后开立，距离稍大于肩。前脚掌稍内扣，后脚跟微离地。两膝微屈，身体重心在两腿之间（图 7—2）。

2．躯干：身体侧向前方，含胸收腹（图 7—3）。

3．手臂和头部：手型要求四指内屈，并拢握拳，大拇指横压于食指和中指的第二节指节上（图 7—4①②）。

图 7—1①

图 7—1②

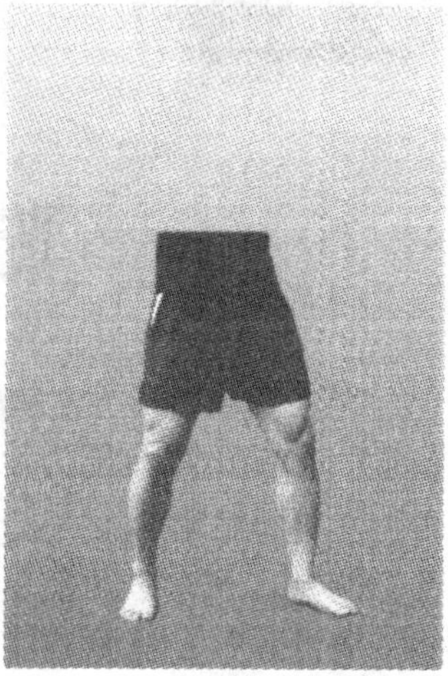

图 7—2

图 7—3

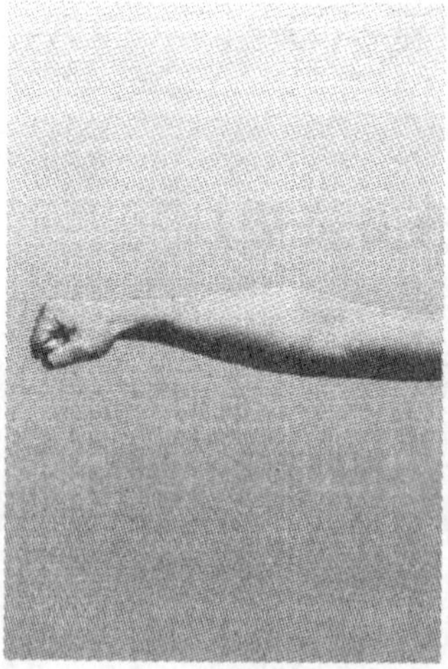

图 7—4①

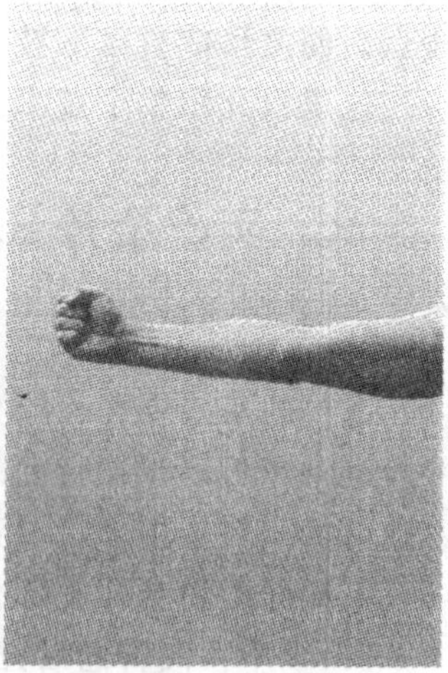

图 7—4②

前臂的肘关节夹角在 90～110°之间，拳与鼻同高，肘下垂；后臂的拳在颌下，屈臂贴靠于胸肋（图 7—5），下颌微收。目平视，合齿闭唇（图 7—6）。

图 7—5

图 7—6

（二）易犯错误及其纠正方法

身体重心过低、前倾或后倾，身体上部保护不够。纠正时，强调步法移动灵活，防守严密，姿势不可太低，重心控制在两脚之间；两手紧护躯体，尽量缩小暴露给对手打击的有效部位。

二、基本拳法

（一）冲拳

1．左冲拳

（1）动作过程：由实战姿势，即由左脚、左手在前的正架势开始，右脚微蹬地面，重心微向前脚移动，上体微右转。同时左臂由屈到伸并内旋 90°，直线向前冲出，发力于腰，力达拳面（图 7—7、8）。

（2）易犯错误及其纠正方法

撩拳。由于冲拳前肘先于拳而动，形成拳往下撩的错误。纠正时，强调以拳领先，勿先动肘；或由同伴帮助以一手拉拳，一手按肘，慢慢体会要领。

只动前臂。冲拳时不是以肩催臂，而只是前臂屈伸。纠正时，强调肩先动，催肘送拳。

2．右冲拳

（1）动作过程：右脚微蹬地，并以前脚掌向内转，转腰送肩，上体左转。

图 7—7

图 7—8

图 7—9

同时右臂由屈到伸并内旋 90°，直线向前冲出，力达拳面（图 7—9）。

（2）易犯错误及其纠正方法

上体过于前倾。冲拳时，上体向前移动过多，腰没有向左拧转。纠正时，多体会腰绕纵轴方向拧转的要领，克服向前俯身的毛病。

翻肘撩拳。冲拳时前臂、肘关节先动并外翻，形成撩拳错误。纠正时，由教练员或同伴帮助，或面对镜子，做慢动作练习。

向后引拳，预兆明显。这是学习拳法的常见错误。纠正时，面对镜子或由同伴监督，用慢速放松练习，以体会出拳路线。

（二）贯拳

1．左贯拳

（1）动作过程：上体微向右转，同时左拳向外（约 45°）、向前、向内成平面弧形横击，臂微屈，拳心朝下。同时转腰发力，力达拳面或偏于拳眼侧（图 7—10）。

图 7—10

（2）易犯错误及其纠正方法

贯拳幅度过大。纠正时，面对镜子或由同伴帮助，消除只想用力的心理，严格体会贯拳的运行路线，待动作基本定型后再加大动作力量。

翻肘过早，出现甩拳。纠正时，由同伴帮助，一手拉拳，一手按肘，克服翻肘的错误。

向前探身。纠正时，多体会向右转腰发力的要领，或由同伴帮助控制身体前探。

2．右贯拳

（1）动作过程：右脚微蹬地并以前脚掌向内转，合胯并向左转腰，右拳向外（约45°）、向前、向内成平面弧形横击。同时上体左转，腰胯发力，力达拳面或偏于拳眼侧（图7—11）。

（2）易犯错误及其纠正方法：参考左贯拳。

（三）抄拳

1．左抄拳

（1）动作过程：上体微左转，重心略下沉，腰迅速向右转，发力于腰，左拳由下向前上方勾击，上臂和前臂夹角在90~110°之间，拳心朝里，力达拳面（图7—12、13）。

图7—11

图7—12

图7—13

（2）易犯错误及其纠正方法

左拳向外绕行。纠正时，面对镜子，不追求用力，重点体会拳的运行路线。

抄拳发力时上体后仰、挺腹。纠正时，重点体会蹬地转腰的要领以及内力的运用。

重心上提、歪胯。纠正时，由同伴帮助，一手按头，一手扶胯，边练习边提示改进。

2．右抄拳

（1）动作过程：右脚蹬地，扣膝合胯，腰微右转。同时右拳向下、向前、向上勾击，上臂与前臂夹角在90～110°之间，拳心朝里，力达拳面（图7—14、15）。

图7—14

图7—15

（2）易犯错误及其纠正方法

右拳后拉。练习者想加大动作力度，以至右拳先后拉再上勾，出现严重预兆。纠正时，应消除单纯用劲心理，着重体会用劲路线和全身协调配合。

身体向上立起。练习者没有体会合胯转腰的用力方法，过分追求蹬地伸髋。纠正时，由同伴协助控制重心的起伏，如一手按头，一手给靶（保持正确的高度），体会力从腰发的要领。

三、基本腿法

（一）蹬腿

1．左蹬腿

（1）动作过程：右腿微屈支撑，左腿提膝抬起，勾脚，当膝稍高于髋时，以脚领先向前蹬出，髋微前送，力达脚掌（图 7—16、17）。

图 7—16

图 7—17

（2）易犯错误及其纠正方法

提膝不过腰，髋、踝关节放松，力不顺达。纠正时，上体直立，多做提膝靠胸练习和左右转换的蹬腿练习，注意挺髋并稍前送。

2．右蹬腿

（1）动作过程：身体重心前移至左腿，左腿微屈支撑，身体稍左转；右腿屈膝前抬，勾脚，以脚领先向前蹬出，髋微前送，力达脚掌。

（2）易犯错误及其纠正方法：参考左蹬腿。

（二）踹腿

1．左踹腿

（1）动作过程：身体重心移向右腿，右腿微屈支撑；左腿屈膝抬起与髋同高，小腿外翻，脚尖勾起，由屈到伸展髋、挺膝向前踹出，上体微侧倾，力达脚底（图 7—18、19）。

图 7—18

图 7—19

（2）易犯错误及其纠正方法

收腹、屈髋、撅臀，上体与腿不能成一条直线，打击距离短、速度慢、力量小。纠正时，手扶肋木或其他支撑物，一腿抬起，脚不落地，严格按动作要求，由慢到快反复练习踹腿。练习之初，踹腿的高度可适当低些，以后逐渐提高高度。

2．右踹腿

（1）动作过程：身体左转 180°，左脚尖外摆，重心移至左腿，左腿微屈支撑；同时右腿屈膝抬起与髋同高，大腿内收，脚尖勾起，脚掌正对攻击目标，随后由屈到伸向前踹出，上体微侧倾，力达脚底。

（2）易犯错误及其纠正方法：参考左踹腿。

（三）鞭腿

1．左鞭腿

（1）动作过程：右腿微屈支撑，上体稍向右侧倾；左腿屈膝向左侧摆起，扣膝，绷脚背，随即向前挺膝鞭甩小腿，力达脚背至小腿前下端（图 7—20、21）。

（2）易犯错误及其纠正方法

脚背放松，膝没内扣，力点不准，容易受损伤。纠正时，按动作要领多做

图 7—20

图 7—21

绷脚背，鞭腿击打沙包、脚靶等物，体会击打时脚背的肌肉感觉和力点。

2．右鞭腿

（1）动作过程：身体左转 90°，重心移至左腿；同时右腿以大腿带动小腿屈膝前摆，扣膝绷脚，随即向前挺膝鞭甩小腿，力达脚背至小腿下端。右腿屈膝落地成反架。

（2）易犯错误及其纠正方法：参考左鞭腿。

（四）劈腿

1．左劈腿

（1）动作过程：身体重心移至右腿，左腿屈膝抬起送髋，上体保持正直或稍后倾，左脚高举过头后快速下压（如刀劈木柴一样），用脚掌或脚后跟下砸对方的头部（图 7—22、23）。

（2）易犯错误及其纠正方法

提腿高度不够，身体重心前后控制不好。纠正时，可采用武术套路中的正踢方法，只是下落时向前下方劈下，重点体会整体用力的协调性。

2．右劈腿

（1）动作过程：身体重心移至左腿，右腿屈膝抬起送髋，右脚高举过头后快速下压（如刀劈木柴一样），用脚掌或脚后跟下砸对方的头部。击打目标后，右脚自然下落成反架，再还原成预备势。

（2）易犯错误及其纠正方法：参考左劈腿。

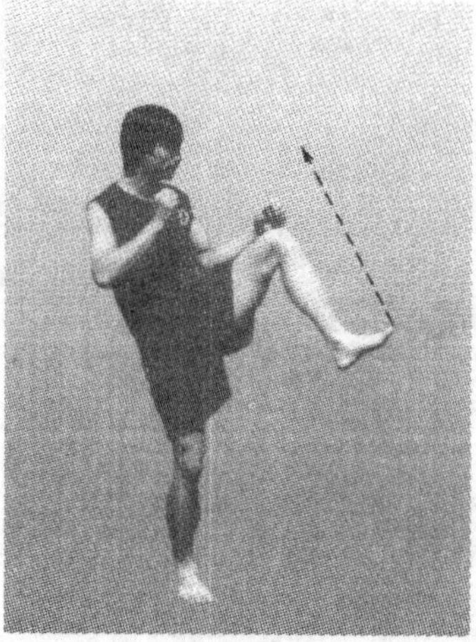

图 7—22

图 7—23

四、基本摔法

以下只介绍贴身摔。

（一）抱腿前顶

1．动作过程：双方由实战姿势开始，上左步，身体下潜闪躲，然后两手抱对方双腿膝窝下部，两手用力回拉。同时用左肩前顶对方大腿根部或腹部，将对方摔倒（图 7—24～26）。

图 7—24

图 7—25

图 7—26

2．易犯错误及其纠正方法

抱不住双腿。纠正时，注意下潜接近对手。

摔不倒对手。纠正时，应强调两臂后拉与肩顶配合协调。

（二）夹颈打腿

图 7—27

1．动作过程：左手虚晃对方，左脚上步，并向右转体，右手迅速抓住对方左前臂，左臂从对方右肩穿过后屈臂夹抱对方颈部。右脚向后插半步与左脚平行，臀部抵住对方小腹，身体立即右转，同时用左小腿向后横打对方小腿外侧，将对方挑起摔倒（图 7—27、28）。

2．易犯错误及其纠正方法

夹颈不牢固。纠正时，强调身体贴靠对方，屈臂夹紧并回拉。

摔不倒对方。纠正时，应强调打腿和转体变脸协调一致。

图 7—28

五、基本步法

(一) 前进步

后脚蹬地，前脚先向前进半步，后腿紧接跟进半步（图 7—29 ~ 31）。

图 7—29

图 7—30

图 7—31

（二）后退步

前脚蹬地，后脚先后退半步，前脚再回收半步（图 7—32、33）。

图 7—32

图 7—33

（三）垫步

后脚蹬地向前脚内侧并拢，同时前腿屈膝提起（图 7—34、35）。

图 7—34

图 7—35

（四）闪步

左（右）脚向左（右）侧移半步，右（左）脚随之向左（右）滑步，同时身体向右（左）转动约90°（图7—36）。

图7—36

（五）换步

左脚与右脚同时蹬地并前后交换，同时两臂也前后交换成反架姿势（图7—37①②）。

图7—37①

图7—37②

六、基本防守法

这里只介绍接触性防守。

（一）拍挡

1．动作过程：由正架实战姿势开始，左（右）手以拳心或掌心为力点向里横向拍挡，同时上体微左（右）侧闪（图 7—38）。完成动作后即刻回位。

图 7—38

2．易犯错误及其纠正方法

拍挡时，向前迎拨，幅度过大。纠正时，注意只动前臂，不能伸肘、伸臂，强调向斜后拍挡。

（二）挂挡

1．动作过程：左（右）手屈臂向后挂挡置于同侧耳廓处，肘尖下垂，同时上体微左（右）转（图 7—39）。完成动作后即回位。

2．易犯错误及其纠正方法

抬肘向外格挡。纠正时，可面对镜子检查动作规格，也可做攻防练习，检查防守的效果。

图 7—39

(三) 拍压

1. 动作过程：左（右）拳变掌，以掌心为力点由上向下在腹前拍压，屈肘，前臂接近水平，指尖朝内（图 7—40）。完成动作后即刻回位。

图 7—40

2．易犯错误及其纠正方法

臂伸直，虎口、指尖朝前或朝下，手腕放松。纠正时多做徒手的强化练习。

（四）外抄抱

1．动作过程：左手屈臂外旋，上臂紧贴肋部，前臂水平，手心朝上，同时右手屈臂紧护胸、面部位，立掌或半握拳，手心朝左形成合抱状。同时上体微左转（图 7—41）。完成动作后即刻回位。

图 7—41

2．易犯错误及其纠正方法

两肘离开躯干，两手防护不同时。纠正时，两人一组，一人用鞭腿进攻，用力要小；另一人体会向外抄抱接腿的方法。

（五）里抄抱

1．动作过程：左手屈臂向下、向里紧贴腹前，手心朝上，同时右手屈臂紧贴胸前，立掌或半握拳，虎口朝上，掌心朝前，两手形成合抱状。上体微含蓄（图 7—42）。完成动作后即刻回位。

2．易犯错误及其纠正方法

两臂离开躯干向前迎抱，防守不严密。纠正时，应多做抱腿的模仿练习或两人一攻一防的练习。

图 7—42

主要参考文献:

1.《中国散手》编写组. 中国散手. 北京:人民体育出版社,1990
2. 国家体育总局. 中国体育教练员岗位培训教材武术(散手). 北京:人民体育出版社,1999

(作者:李士英　摄影:岳庆利　演示:陈　超、左桂义、李文祥)

第八章

攻防实用动作

踢、打、摔、拿是中国武术技击方法的浓缩，也是中国武术丰富多彩的源泉，加上各种各样的器械技法，构成了中国武术丰富的技击术，使中国武术立于世界武林之巅。学习基本的武术攻防实用技术，能使我们加深了解武术动作的攻防含义；掌握基本的攻防实用技术，能起到防身健体的功效。

基本格斗姿势

基本格斗姿势是指平时练习时所采用的最有利于进攻和防守的姿势，主要是保持自己身体重心的稳定，尽量少地将自己暴露给对方，并有利于自己防守和进攻时的发力。

具体做法（以左腿在前为例）：两脚前后开立，左脚尖稍向内扣，右脚尖斜向，脚跟离地。两腿稍屈膝，身体重心在两腿之间。两臂屈肘，左拳置于体前，肘关节约成90°，拳略低于眼睛，拳面斜向前，拳眼斜向上；右拳置于胸前，肘关节夹角小于90°。身体侧立，胸部略含，腹部微收；上体稍前倾，头略低，下腭微收；牙齿紧咬，嘴唇闭合，气下沉，目视前方（图8—1、2。上身着浅色运动服者为甲方，着深色运动服者为乙方）。

图8—1　双人侧面

要求：

1．两臂要松弛有度，不能过分紧张或松软。

2．身体重心在两腿之间能灵活移动。

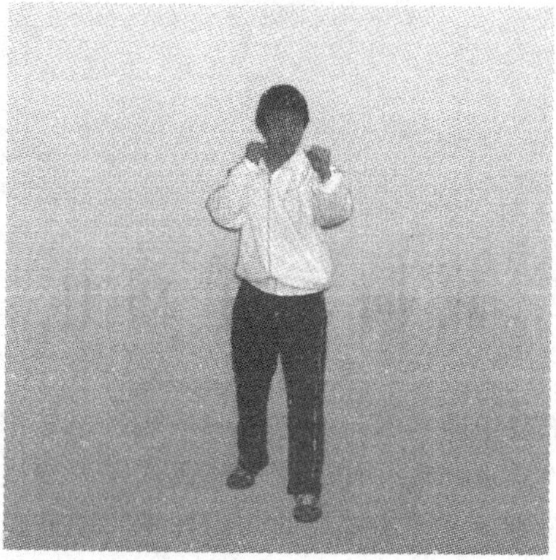

图 8—2　单人正面

一、拳法实用动作

（一）格挡冲拳

动作说明：

1. 由基本格斗姿势开始，乙方身体微左转，以右摆拳击打甲方头部，甲方以左拳随屈臂向外格挡（图 8—3）。

图 8—3

2．紧接，甲方身体稍左转，以右拳冲击乙方（图 8—4）。

图 8—4

要求：

1．甲方的格挡要及时，力达前臂的前部。

2．格挡冲拳要连贯，冲拳时转腰送肩，力达拳面。

（二）左右摆拳

动作说明：

1．由基本格斗姿势开始，甲方左拳稍向左外再向内摆动，以拳面击打乙方的右侧头部。乙方则以右臂屈肘架挡（图 8—5）。

2．甲方收回左拳，身体左转，继续以右拳摆击乙方的左侧头部。同样，乙方用左臂屈肘架挡（图 8—6）。

要求：甲方在左右摆拳时，要转身，以腰的力量带动拳的摆动，力达拳面。

（三）闪身勾拳

动作说明：

1．由基本格斗姿势开始，乙方以右摆拳击打甲方头部，甲方迅速下蹲闪过来拳（图 8—7）。

2．随即，甲方左脚进步接近乙方，并以右拳由下向前上勾击乙方的腹部（图 8—8）。

图 8—5

图 8—6

图 8—7

图 8—8

要求：

1．闪身、进步、勾拳要连贯完成，力达拳面。

2．勾拳时，以右腿蹬地，转腰发力。

（四）转身鞭拳

动作说明：

1．由基本格斗姿势开始，甲方以左拳冲击乙方，乙方用右掌拍挡防守

(图 8—9)。

图 8—9

2．甲方迅速以左脚为轴，身体右后转，右脚随转身上步；同时，右臂伸肘以拳背击打乙方头部。乙方迅速跳步后撤，同时以左掌拍挡来拳（图 8—10)。

图 8—10

要求：

1．甲方的左拳是虚探性的，主要是右拳，两拳的动作要连贯。

2．左拳、转身、鞭拳要迅速果断。鞭拳时，右肘的屈伸要有力。

二、腿法实用动作

（一）踹攻提防

动作说明：

1．由基本格斗姿势开始，甲方身体稍右转，提左膝踹击乙方小腿；乙方提左腿防守（图 8—11）。

2．随即，乙方回踹左腿攻击甲方，甲方迅速屈膝防守（图 8—12）。

图 8—11

图 8—12

要求：踹腿时要迅猛有力，提膝防守时可后移步法，拉大距离。

（二）勾腿摆踢

动作说明：

1．由基本格斗姿势开始，甲方以右腿勾扫乙方的左腿，乙方迅速后提左腿避过（图 8—13）。

2．紧接，甲方迅速移身体重心至右腿，并做左后转身，起左腿随转身后摆击打乙方。乙方在左腿后撤一步后，屈膝、侧倒，以右腿快速下踹甲方的右腿（图 8—14）。

要求：

1．甲方的勾腿和后摆腿要连贯，勾腿为虚，摆腿为实。

2．注意两人的距离，摆腿时要以腰带腿，力达脚跟或前脚掌。

图 8—13

图 8—14

（三）蹬腿击胸

动作说明：由基本格斗姿势开始，乙方直接起腿蹬击甲方的胸腹部（图8—15）。

图 8—15

要求： 蹬腿时，起腿要突然，力达脚跟。

（四）进步顶膝

动作说明：

1．由基本格斗姿势开始，乙方以右拳击打甲方头部，甲方迅速下蹲，闪过（图 8—16）。

2．紧接，甲方快速进左步，贴近乙方，同时两手臂伸向乙方身后（图 8—17）。

图 8—16

图 8—17

3．随即，甲方左腿直立，提右膝顶击乙方的裆部或腹部，同时两手从乙方身后拍击，使其受挫（图 8—18）。

要求： 闪身、进步要快，顶膝、拍背要同时，形成合力。

图 8—18

三、摔法实用动作

（一）进步别摔

动作说明：

1．由基本格斗姿势开始，甲方用右摆拳击打乙方头部，乙方左臂屈肘上架（图 8—19）。

图 8—19

2. 紧接，乙方用左手抓住甲方的右手腕，右脚上步插入甲方右腿后，用右臂夹抱甲方的背部（图 8—20）。

图 8—20

3. 紧接，乙方身体左转，手脚发力，使甲方失去平衡而倒地（图 8—21）。

图 8—21

要求：

1. 乙方的左臂格挡和上步动作要紧凑，抱身时要紧贴甲方的胸部，髋部也要紧贴对方。

2．乙方发力要快，拧腰转身要突然。

（二）抱腿别摔

动作说明：

1．由基本格斗姿势开始，甲方以右腿向侧弹击乙方的腰肋部；乙方上体左转，左手拦，右手从下抄抱，抱住甲方弹击之腿（图 8—22 及其附图）。

图 8—22

图 8—22　附图

2．紧接，乙方将右腿插入甲方的左腿后（图 8—23）。

图 8—23

3．随即，乙方上体左转，以右肩压击甲方右腿，使其倒地（图 8—24）。

图 8—24

要求：

1．乙方抱腿时，左臂格挡，右手抄抱要快、准。

2．乙方插腿时，要迅速顺势向左拉甲的右腿。发力时拧腰转身要突然，压肩要有力。

（三）勾腿别摔

动作说明：

1．由基本格斗姿势开始，甲方用左拳击打乙方头部，乙方用左掳手拦截、抓住甲方左手腕（图 8—25）。

图 8—25

2．紧接，乙方上右脚，用右掌斜劈击甲方的头部，甲方低头避过（图 8—26）。

3．乙方乘甲方起身，右臂迅疾内旋，反手按压甲方胸部，同时起右腿勾踢甲方的左腿，使其失去平衡而倒地（图 8—27）。

图 8—26

图 8—27

要求：

1. 乙方的掳手和劈掌要连贯完成，劈掌时力达手掌小指一侧。

2. 乙方的按胸和勾踢要同时发力，方向相反。

（四）双抱腿摔

动作说明：

1. 由基本格斗姿势开始，甲方以右拳击打乙方头部，乙方迅速下蹲，闪过（图 8—28）。

图 8—28

2．紧接，乙方迅速进左步，两手抱住甲方的后膝窝处，右肩紧贴甲方的大腿根部（图 8—29）。

3．随即，乙方双手用力回抱，上体向前下顶压，使甲方倒地（图8—30）。

图 8—29

图 8—30

要求：

1．乙方的闪身和进步要快，即闪即进，要果断。

2．乙方的贴身要紧，以肩紧顶甲方的髋部，以抱、顶之合力轻松将甲方摔倒。

四、擒拿实用动作

（一）缠腕

动作说明：

1．甲方用右手抓住乙方的右手腕（图 8—31）。

2．乙方迅速以左手掌盖压甲方的右手背，右臂屈臂回抽，同时右手以腕为轴向下、向左、向上缠绕（图 8—32 及其附图）。

3．乙方用右手抓住甲方右手腕后，随身体右转发力拧转，使甲方受制（图 8—33）。

要求：

1．缠腕时，乙方的固手要紧，防止甲方的手挣脱。

2．发力时，乙方要边转身边拧腕。

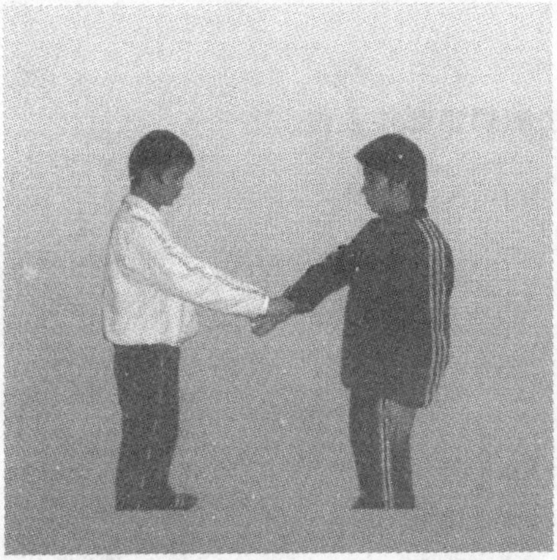

图 8—31

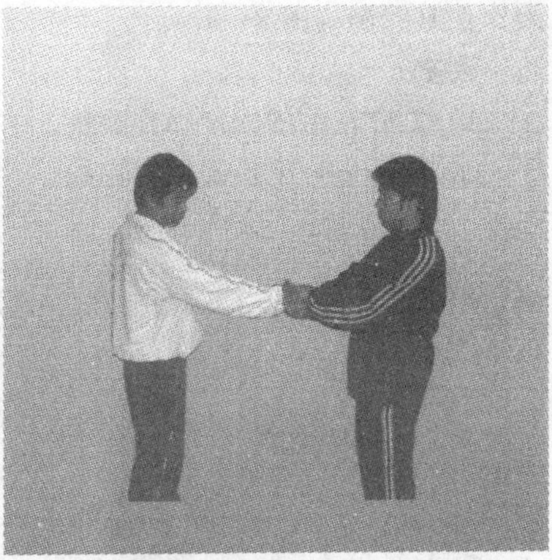

图 8—32

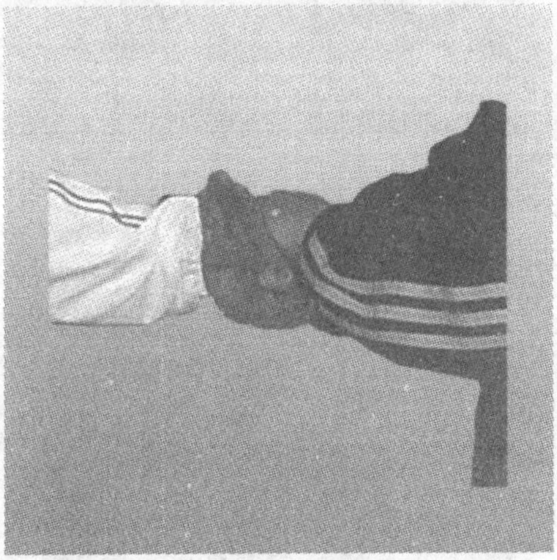

图 8—32 附图

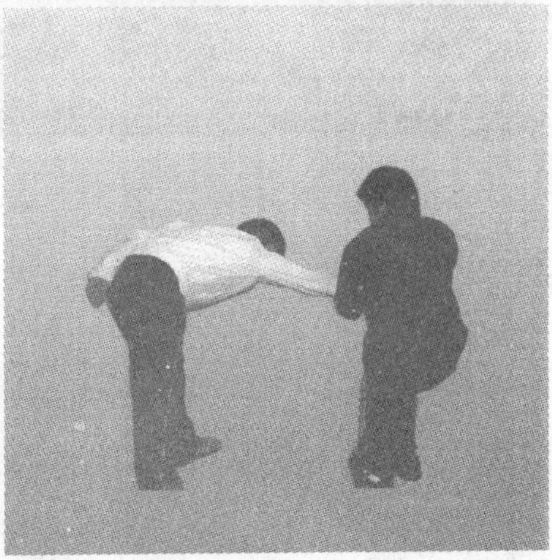

图 8—33

(二) 折腕

动作说明：

1．甲方用左手抓住乙方的胸部（图 8—34）。

2．乙方迅疾用左手盖按住甲左手（图 8—35）。

3．乙方随即以右掌切住甲方的左手腕处（图 8—36 及其附图）。

4．乙方迅疾后撤右脚，身体重心下移并向前，下压胸部，折甲方的左手腕，使其受制（图 8—37）。

要求：

1．乙方左手的固定动作要快，右手的切击部位要准。

2．后撤步与下压要同时完成。

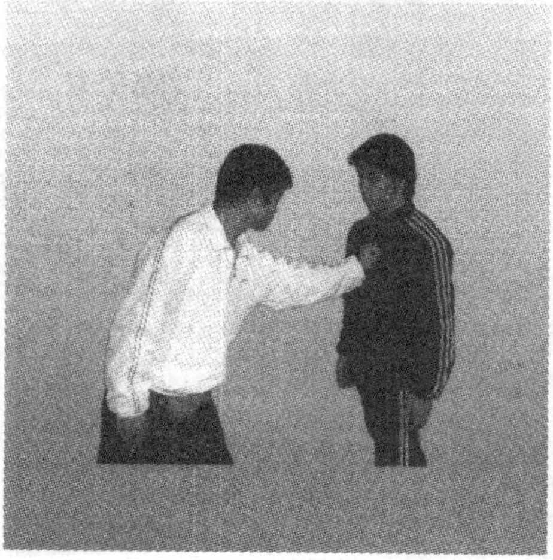

图 8—34

图 8—35

图 8—36

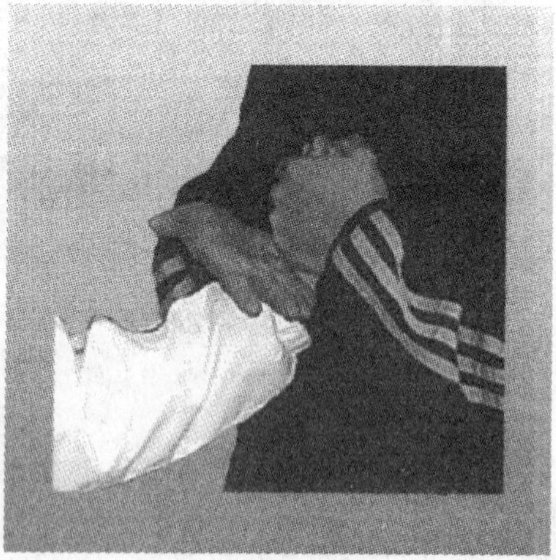

图 8—36　附图

图 8—37

（三）折肘

动作说明：

1．甲方用左手抓住乙方的右手腕（图 8—38）。

图 8—38

2．乙方迅速用左手按压住甲方的左手，右臂屈肘后抽（图 8—39）。

图 8—39

3．随即，乙方迅速上右步以右肘按压甲方的右臂肘关节处，使其受制（图 8—40 及其附图）。

要求：乙方的固手要快，上步和折肘要同时完成。

图 8—40

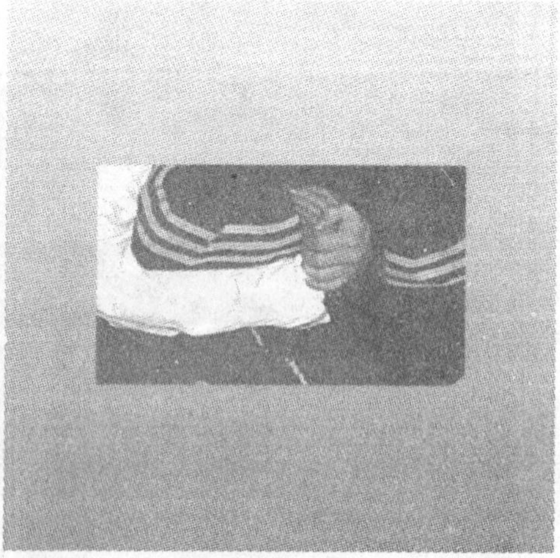

图 8—40　附图

（四）折腕下踹

动作说明：

1．甲方用左手抓住乙方的胸部（图 8—41）。

图 8—41

2．乙方迅速用左手扣住甲方的左手（图 8—42）。

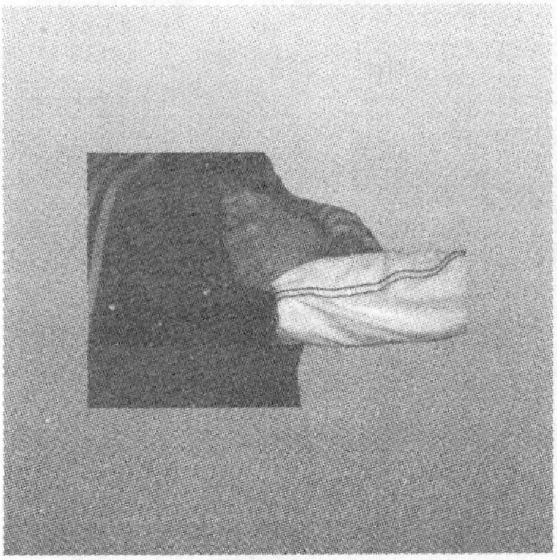

图 8—42

3．乙方随即上体左转，左手向外翻甲方的左手，使其臂内旋，同时乙方右手由外向内推按甲方左肘（图 8—43）。

图 8—43

4．紧接，乙方顺势以右腿踹击甲方之左腿，使其受制（图 8—44）。

图 8—44

要求：

1．乙方的抓手要准而快，手指要扣进甲方的手掌内，以便翻腕。

2．乙方的翻、推、踹动作要一气呵成，使对方受制于瞬间。

（作者：戴有祥　蔡　纲　摄影：戴有祥　演示：郭　庆、邓荫昌）